心屋先生の

お母さんが
幸せになる子育て

〈子育ての呪い〉が解ける魔法の本

性格リフォーム心理カウンセラー
心屋仁之助

WAVE 出版

心屋先生のお母さんが幸せになる子育て

〈子育ての呪い〉が解ける魔法の本

はじめに

こんにちは。性格リフォーム心理カウンセラーの心屋仁之助です。この本では、僕のセミナーやグループカウンセリングで、いつも「場が盛り上がる」「議論がヒートアップする」

子育ての悩み

についてまとめました。

意外に感じられるかもしれませんが、僕が子育てにテーマを絞った本を出すのは、実はこれが「初!」です。というのも、僕自身2人の子どもがいますが、まったくもって胸を張れる子育てなんてできず、こんなことを語る資格はないと思っていました。

でもカウンセリングをしているうちに、自分のやってきたこと、そして子どもから親への悩みなどを伺っているうちに、この「子育て」に関する大切なことが、今さらながらにたくさん出てきたので、自分のことは棚に上げて書いてみようと思ったわけです。

だから「こうすると子育てはうまくいきますよ」といった教科書的なノウハウではなく、「子育ての悩みの消し方」という目線でもなく、同じ子育てで悩んだカウンセラーが様々な悩みを解決してきての立場でお伝えするものです。

実は、僕のブログの読者や、セミナーの参加者のみなさんには、子育て中のお母さんがたくさんいます。そんなみなさんの声をたくさん聞いてきて、その悩みに共通しているのが、

子育ての〈呪い〉

ということに気づいたのです。

どうでしょう？　〈呪い〉なんていう言葉を聞くと、ちょっと怖い感じもしますよね。

それだけでなく、

「私は子どもを大事にしている！」

「子どもに〈呪い〉なんてかけていないわ！」

と怒りだす方もいるかもしれません。

でも、僕はこれまで知らず知らずのうちに、

可愛いはずのわが子に〈呪い〉をかけている

お母さんたちを少なからず見てきました。

子どもが可愛い、子どもを大事にしたいはずなのに、結果的に「わが子に呪いをかけてしまっている」としたら、こんなに悲しいことはありません。

だから、「子どもを愛している」「子どもを大事に思っている」のに、その気持ちとは裏腹に、「わが子に〈呪い〉をかけてしまっている」お母さんたちに向けて、

とてもよく効く「魔法の言葉」と「魔法のワーク」

の話を、この本でわかりやすく紹介することにしたのです。

そのときに、いちばん大切なのが、

あなたの子どもは、どういうタイプなのかということです。

まずは、これについて詳しく説明します。

その中で、タイプがはっきりわからなくても、とりあえず読み進めてください。そして、本書を読み進める上で、僕からお願いが1つだけあります。第1章で「子育ての〈呪い〉」を解く4つの魔法の言葉を紹介していますが、これだけは必ず、

声に出して

読んでほしいのです。この本は黙読するだけでは、効果は半分にとどまってしまいます。僕のセミナーではグループのカウンセリングをすることがあるのですが、そこでは必ず、

悩みをぶっ飛ばす魔法の言葉
ぱっかーん

を口に出してもらっています。セミナーでは、この「ぶっ飛ばされた状態」のことを、

と表現しています。

これまで、セミナーでたくさんのお母さんが「ぱっかーん体験」をしてきましたが、この体験をしたあと、みなさんの表情は本当に清々しいのです。だから、「魔法の言葉」だけはぜひ音読してください。

「声に出すなんて、恥ずかしい」

「音読しただけで、本当に効果があるの？」

なんて言わずに、ぜひやってみてください。

あなたが「良い」「正しい」と思ってやってきた子育てとは逆の方法、いや、むしろ「ダメだ」「やってはいけない」と思っていたこともこの本には書いてあるので、いろんな抵抗も出ると思いますが、「イラッ」としても、よかったらそのまま読んだり、声に出してもらえるとうれしいです。

今までと逆のことをすれば、今までと逆の結果が生まれるのです。

それでは、あなたの子育ての悩みすべてが、幸せに解決しますように！

心屋仁之助

２０１７年３月

心屋先生の
お母さんが幸せになる子育て
〈子育ての呪い〉が解ける魔法の本

わー

第6章

お金の〈呪い〉をはずして親子で豊かに……145

終章

心屋先生の誌上カウンセリング
——魔法の言葉で〈呪い〉を吹き飛ばしたお母さんたち……169

カバー・本文イラスト……………風間勇人
装幀…………加藤愛子（オフィスキントン）
執筆協力………白川たま
ＤＴＰ…………ノア
編集…………大石聡子

第1章

悩みの根っこと〈呪い〉の怖さ

お母さんの悩みの根っこには呪いがある

僕は、これまでにたくさんのお母さんから、子育ての悩みを聞いてきました。グループカウンセリングでもセミナーでも、子育て中のお母さんは、口々に「つらい」「どうしたらいいいか、わからない」「悩みが尽きない」と言います。

そんな悩みを聞いてきて、気づいたことがあります。それは、

お母さんの悩みの根っこはすべて同じ

ということです。子どもが勉強をしないのも、友だちとうまくいかないのも、学校に行かないのも、ご飯をちゃんと食べないのも、おむつがなかなかとれないのも、全部、お母さんの持つ「同じ根っこ」から出てきています。

その根っこというのは、

子育てが「思うように」できない

なのです。

「思うように、子どもが勉強しない」
「想像したように、子どもがご飯を食べない」
「思ったように、子どもが友だちとうまく遊んでくれない」
「予想していたように、子どものおむつが早くとれない」

どうでしょう？　お母さんの子育ての悩みの頭には、すべて、

「自分が思うように」

がついています。「自分が思うように」でなければ認められないというお母さんの気持ちそのものが、「子育ての呪い」につながっています。
「好き嫌いを言わずに、なんでも食べてほしい」

「親の言うことには、素直に返事してほしい」
「わがままを言わずに、聞き分けのいい子になってほしい」
「学校にきちんと行って、勉強もそこそこできてほしい」

こんなふうに気持ちの奥底には必ず、

・「お母さんが思う」理想のわが子
・「お母さんが思う」理想の子育て

があるはずです。

その理想から現実が少しでもズレていると、お母さんは急に悩み始めます。

さらに、ズレが「少し」から「大きく」なっていくにつれ、お母さんの〈呪い〉も、どんどん深くなっていきます。

「こんな子に」の願いはすべて呪い

子育ての本や理論は、いろいろあります。

「賢い子どもに育てる本」「優しい子どもにする○○の方法」「子どもを東大に入れる本」など、内容はさまざまです。


「子どもを叱るときには、子どもと同じ目の高さで」

「親同士が喧嘩するのを、子どもに見せてはいけない」

「自己主張できる子どもに育てるには、家庭での声かけが大事」

という考え方もあれば、

「子どもを、きちんとほめよう」

「いやいや、理由なくほめてはいけない」

という考え方もあり、さらに、

「愛情は、わかりやすい形で示さないといけない」

「きちんと躾るには、ある程度の厳しさが必要」

と主張する本もあり、どの理論も「そうだよなあ」と思える部分があるようです。


でも、最終的に「子育ての理論」を実践して、子どもがどのように成長して、そのあとでどうなるのかは、誰にもわかりません。

親は、「うちの子には『こんな子』になってほしい」と願って育てようとしますが、

「こんな子」という理想が一番厄介な〈呪い〉

なのです。

「私の理想どおりに育ってもらいたい」の「理想」は、ほぼ自分の母親から「譲り受けた」場合がとても多いからです。妄想といっていいかもしれません。

「頭のいい子に育ってほしい」「可愛くてモテる女の子になってほしい」「おしゃれで運動神経のいい男の子になってほしい」

これらは、「自分が思い描いた子育ての理想」のようでいて、ほとんどが、

あなたのお母さんから受け継いだ子育ての理想

からでき上がった〈呪い〉なのです。つまり、お母さん自身が〈呪い〉にかかっているのです。

そして「こんな子」と「そうでない自分」にダメ出しを続けて、苦しみに落ちていくのです。

何げない言葉が子どもに呪いをかける

「ちゃんと」「しっかり」「早く」「迷惑をかけない」――お母さんが子どもに向かって言うこれらの言葉は、すべて〈呪い〉の言葉です。


「ちゃんとしないと（ダメだよ！）」

「しっかりしないと（バカにされるよ！）」

「早くしないと（のろまだと思われるよ！）」

「迷惑をかけない（まったくもう、この子ったら！）」


どうでしょう？（　）の中の部分を、お母さんが口にしなかったとしても、ここに含

まれる〈呪い〉の意味が浮かび上がってくるのがわかりますよね。「お前はできない子だね」という〈呪い〉です。

子育ての場面での〈呪い〉の言葉は、これだけではありません。「いい子」「素直な子」も〈呪い〉の言葉です。

「いい子（でいないと嫌われるよ！）」

「素直な子（なんだから、私の言うことを聞きなさい！）」

恐ろしいのは、

時間がたっても〈呪い〉の言葉が頭の中でリフレインする

ことです。この言葉が脳内で（無意識に）繰り返される状態のことを、僕は「頭蓋骨の内側にお母さんが住んでいる状態」と呼んでいます。

お母さんの〈呪い〉の言葉が、あなたの頭蓋骨の中にびっしり書かれているとしたら、そこいらの怪談より、ずっと怖いことだと思いませんか。

あなたの頭の中にもお母さんが住んでいる

「お母さんの〈呪い〉の言葉が、子どもの頭蓋骨の内側にびっしり書かれているよ」と言うと、

「私は、子どもにはいい言葉しか言っていないから、大丈夫です！」

と答える人がいます。


でも、そういうお母さんに限って、頭の中に「自分のお母さん」を住まわせていることが多いようです。そして、この「頭の中のお母さん」は、あなたが子育てで悩むたびに、耳元で必ず囁きます。


「あなた、子どもはまだそんなこともできないの？」

「あなた、子どもにそんなことをしちゃ、ダメじゃない！」

「あなた、子どもにそんな危ないことをさせて、いいの？」


こんなふうに頭の中のお母さんは、あなたの子育てで何かあるたびに、ダメ出しを

します。

そして、あなた自身も、子育ての基準はあくまでも「頭の中のお母さん」なので、「お母さんには、今の私の子育てはどう見えているのだろう?」と、いつも気になるようになってしまいます。

子どもと自分を悪者にするのはやめよう

目の前にいる子どもと、日々子どもと向き合っている自分。この当事者を無視して、自分の心の中のお母さんが基準になると、子どもも子育てができない自分も、悪者になるようになります。

また、子育てだけでなく、生活全般でも「お母さんの声」が基準になっているので、働いていても、帰宅して家事をしているときも、

「ちゃんとするのよ」

「恥ずかしくないようにするのよ」

という声が、頭の中で聞こえています。

「仕事で忙しくても、子どものご飯を手抜きするのは、恥ずかしいことよ！」

「子育てで手がいっぱいでも、家の中が散らかっているのは、ダメよ！」

「家事も育児も、ご近所に見られているのよ、しっかりしないと！」

こんなふうに、お母さんにどう思われるかということがずっと気になっているから、いつまでたっても自分のやっていることに自信が持てないのです。

お母さんに「それはダメ」「あれはダメ」と言われてきたことを、一度、頭の中から全部はがしてしまわないと、永遠に自分の子育てができず、苦しむことになります。

では、どうやって頭の中のお母さんの言葉、〈呪い〉をはがし、自分の子育てをすればいいのでしょうか。そのための「魔法の言葉」を紹介しましょう。

・お母さんに嫌われてもいい
・お母さんにがっかりされてもいい
・お母さんに親不孝をしてもいい
・くそばばあ

この4つは、頭の中にお母さんがたくさん張りついている人ほど、言いにくい言葉です。グループカウンセリングでも、時々このセリフを言ってもらうことがあるのですが、とくに最後の言葉「くそばばあ」が言えなくて、涙ぐむ人もいるほどです。

自分の子育ては、自分の母親のことを気にしなくなったときに楽になります。頭の中のお母さんを「えいっ！」とはがすために、ぜひ、この言葉を言えるようになってください。

あなたがこの魔法の言葉を笑いながら言えるようになったとき、きっとあなたの子育ての悩みの半分以上が解決しているはずです。

子育てに法則はない

以前、深夜のテレビ番組で、海外のドキュメントを放送していました。ある国の貧困地区にある養護施設の子どもたちの成長を追ったもので、大人になった彼らは、驚くほど違う人生を送っていました。

大きな会社で事業をバリバリやる社長になった人もいれば、施設で育ったトラウマから、経済的にも心理的にも自立できないと告白する人もいました。

僕は、可愛がって育てようが、怒って育てようが、あまやかして育てようが、子どもは勝手に育つと思っていますが、この例のように、同じ環境に育っても、子どもはまったく違う大人になっていきますから。

たとえば、あまやかされて育ち、まわりには「過保護でしょうがない」と見えた子どもが、愛情をたっぷり受けたおかげで優しい思いやりのある人に育つ場合もあれば、わがままなマザコンで、お母さんがいないと何ひとつできず、人の気持ちを推し量れない傍若無人な人に育つこともあります。厳しく躾けた子どもが、しっかりした性格になることもあれば、自信を失い劣等感だけの人間になる可能性もあるのです。

だから、

「こう育てたから、こうなる」と、親の思いどおりにいく法則はない

と思ったほうがいいでしょう。

厳しくしようが、優しくしようが、怒ろうが、あまやかそうが、「子どもは子どもの生き方」で育っていきます。あるのは「傾向」ぐらいでしょう。

親が「この子によかれ」と思って何かをしても、子どもは自分の生き方で大きくなっていくのです。

「可愛いね」が呪いになった女の子

以前、グループカウンセリングで、こんなことを話してくれた女性がいました。

この女性は、小さなころから両親に「お前は、なんて可愛いんだ」「何を着ても、可愛い」と、蝶よ花よと育てられてきました。

でも、この女性にとって「可愛い」と言われることは苦痛でした。

本来とてもいいことなのに、そのせいで「私は外見だけなんだ」と思ってしまい、ほめられてもうれしくなくて、逆に「中身がない」「かわいいだけ」と言われているような気がしてしまい、ほめられるたびに気分が沈むようになってしまったのです。

一方、この例とは逆に、「可愛い」「きれい」と言われることで、自分に自信を持ち、まわりに優しく接することができる女性に育つこともあるでしょう。

だから、親が優しい言葉をかけても、厳しい言葉をかけても、よかれと思っていろいろと何かをしようとしても、子どもは自分の生き方でしか大きくなれません。

・親が子どもに「こうなってほしい」という理想

・親が子どものためによかれと思ってかけた言葉

これらが結果として〈呪い〉になってしまった場合、どうすればいいのでしょうか。次の章以降で、この答えを詳しく説明していきましょう。

第1章のまとめ

- 子育ての呪いは「こんな子に」の理想から始まる。
- 「ちゃんと」「しっかり」「早く」「迷惑かけない」は呪いの言葉。
- まずはお母さん自身にかかっている呪いを解く。

頭蓋骨の内側に書き込まれた呪いは、
4つの魔法の言葉を声に出すと消える。

「お母さんに嫌われてもいい」

「お母さんにがっかりされてもいい」

「お母さんに親不孝をしてもいい」

「くそばばあ」

第2章

子どものタイプで〈呪い〉は変わる

子どもには《2つのタイプ》がある

第1章では、お母さんの子育ての悩みが、「こんな子にしたい」「こんな子に育ってほしい」という理想と現実とのズレから生まれること、そして、お母さんの「こんな子に」の願いそのものに「結果としての〈呪い〉」が入っているということを述べました。この章では、

子育ての〈呪い〉は、「子どものタイプ」によってかかり方が違う

ということを、お話ししていきます。

心屋の独自理論なのですが、子どもは、次の2つのタイプに分けられると思っています。

それが、《ちゃきちゃきマルチタイプ》と《お花畑スポットタイプ》です。

《ちゃきちゃきマルチタイプ》の特徴は、

・周囲の空気、大人の状況をまんべんなく読める
・聞き分けがよく、年齢の割に知的
・比較的要領がよく、ちゃっちゃと物事がこなせる

《お花畑スポットタイプ》の特徴は、

・周囲の空気が読めない
・年齢より幼さを感じさせる無邪気な子ども＝いわゆる天然・癒し系・マイペースののんびり屋さん
・集中するとまわりが見えなくなる

という感じです。なので、この本では前者を《ちゃきちゃきマルチタイプ》、後者を《お花畑スポットタイプ》と呼んでいくことにします。
なぜこの2つのタイプに分かれるのか、僕にもはっきりとした理由はわかりませんが、どうやらオギャアと生まれた時点で決まっている先天的なもので、人生の途中で「こんなタイプはイヤだ」と言っても、変えることのできないベースのプログラムのようです
この2つのタイプは、僕のグループカウンセリングやセミナーでの、芯の部分です。
この2つのタイプを本書で初めて知ったお母さんのために、見分け方を教えましょう。

《ちゃきちゃきマルチタイプ》＝頭が真っ白にならない
《お花畑スポットタイプ》＝頭が真っ白になる

あなたのお子さんに、思い当たることはあるでしょうか。
「うちの子どもは、どうも頭が真っ白になっているみたい」と感じたことがあれば、

《お花畑スポットタイプ》、
そうでなければ、
《ちゃきちゃきマルチタイプ》
です。そして、この2つのタイプは子どもだけにあてはまるのではなく、

子どもの時期が過ぎたあともタイプは継続する

ので、大人も必ず、

《ちゃきちゃきマルチタイプ》の大人
《お花畑スポットタイプ》の大人

のどちらかなのです。あなた自身を振り返ってみて、
「頭が真っ白になった経験がない」のなら「《ちゃきちゃきマルチタイプ》のお母さん」、
「頭が真っ白になった経験がある」のなら「《お花畑スポットタイプ》のお母さん」です。

わが子を見分ける力を信じよう

お子さんの《お花畑スポットタイプ》と《ちゃきちゃきマルチタイプ》について、もう少し具体的な例をあげてみましょう。

・叱っているとき、子どもの表情を見て、「本当に私の言うことを聞いているのかしら?」と思ったことがある。

・真剣に話をしているときに、「今、お母さんがなんて言ったか、言ってごらん?」と聞くと、答えられない。

・みんなが何かで盛り上がっているときに、「心ここにあらず」の表情をしていることがある。

・ちょっと長めのお説教や説明を聞いているうちに、視線が宙を泳いでいたり、パニックになったりする。

このうちどれか１つでもあてはまるようであれば、あなたのお子さんは《お花畑スポットタイプ》の可能性が高くなります。反対に、どれもあてはまらないのなら、《ちゃきちゃきマルチタイプ》の可能性が高くなります。そして、お母さん自身は、どちらですか？

あなたの子どもと同じタイプ？　違うタイプ？

・長子か次子かでも違います。

・あなたの夫は？

まずは、そこから。

ただ、これでもよくわからないというお母さんもいるかもしれません。でも、どうか悩まないでください。今わからなくても、お子さんの様子をしばらく見ていれば、きっとわかる瞬間があるはずです。

気づきしだいで悩みも呪いも消える

僕はよく、

お母さんは「気づくだけ」で十分

と言っています。「子育てで大切なことは、この1点だけ」と言ってもいいくらいで、お母さんの「気づき」こそが子育ての原点であり、子育ての〈呪い〉を解く唯一の方法です。

子どもが《お花畑スポットタイプ》なのか、《ちゃきちゃきマルチタイプ》なのかに気づくこと。まずは、そのことを目指してほしいし、

子どものタイプがわかればもう子育ては大成功！

とまで思っています。あとは信じて見守るだけでいいのです（それが難しいのですが）。

だから、この本を読みながら、「うちの子は、どっちかな?」と、お子さんをよーく見てあげてほしいのです。今までわが子の行動がわからない、子どもの心がわからないと悩んできたお母さんほど、わが子が《お花畑スポットタイプ》なのか《ちゃきちゃきマルチタイプ》なのかを知ることで、

これまでの悩みがスーッと消える

体験をしてくれています。だから今、子育てで悩んでいるあなたこそ、「やったー!悩みが消えるチャンスが来たー」と思ってほしいのです

タイプに分かれるということは、「それぞれのタイプに合った子育ての方法」があるということです。お子さんがどちらのタイプかによって、「母としての対応」は違ってきます。

それが「自分と同じタイプにしようとしない」ということです。

それが「自分の思いどおりにしようとしない」ということです。

《ちゃきちゃきマルチタイプ》のお母さんは《お花畑スポットタイプ》の子どもを見ると、イライラしてしまいます。自分と違ってペースがゆっくりだから。早くしなさ

い、ちゃんとしなさいとせかしてしまう。

　そして、できたらほめますよね。「やればできる」のできあがりです。「やったときだけほめられるんだ」と、本来ゆっくりの《お花畑スポットタイプ》が、必至にほめられようとがんばって、「自分らしくない生き方＝呪い」の始まりというわけです。

　また、《お花畑タイプ》であることを拒否されてきて《ちゃきちゃきマルチタイプ》としてがんばって生きてきたお母さんも、自分の子どもが《お花畑タイプ》であることに気づいたら、《ちゃきちゃきタイプ》のように生きることを求め、できない《お花畑タイプ》の子にダメ出しを続けて、劣等感を与え続けてしまうのです。そう、あなた（お母さん）のように。

　だから、前者母も後者母も《お花畑タイプ》の子を信頼して見守るという覚悟が必要なのです。

《お花畑》の子どもがしおれてしまうとき

《お花畑スポットタイプ》の子は、「その場で咲くこと」が特性です。自分から進んで何かをしようとしなくても、ただその場にいるだけで、太陽の光を浴び、雨水を吸収し、枝や葉をいっぱい伸ばし、つぼみが膨らんで花が咲いたら、今度は蜂（ちゃきちゃきマルチタイプ）が勝手に飛んできて受粉のお手伝いまでしてくれます。

それなのに、そんなお花が無理やり歩き出そうとしたら、どうなるでしょうか。本来、その場で、そのままで咲いているのが自然な《お花畑スポットタイプ》の子にとって、歩き出すためにはかなりの無理をしなければなりません。

《ちゃきちゃきマルチタイプ》の子であれば、それほどエネルギーのいらない歩き出しが、お花畑の子にとっては、ひと苦労なはずです。それでも、

・私が歩けばお母さんが喜んでくれる
・私ができたらお母さんが喜ぶ！
・私ができたらお母さんがほめてくれる

この一心で、歩き出そうとしてしまうのです。

だから、もともと自分が持っていない力を使ったり、普段の自分にはない「がんばるアプリ」までインストールして駆動させて、エネルギーをめちゃくちゃ使います。

つまり、自分本来のエネルギー以上のものを消費して、疲労困憊するのです。

しかも、エネルギーを使ったり、アプリを起動させてまで歩き出したのに、「うまくいかなかった」「できなかった」ということもあります。そうなると、

・お母さんに認められない（泣）
・お母さんにほめられない（泣）
・お母さんが喜ばない（泣）

ということになります。

「私はダメな人間なんだ」
「お母さんにほめてもらえない」
と、お花が途端に萎《しお》れてしまいます。

ひまわりのようなわが子が危険な理由

《お花畑スポットタイプ》の子どもは、お母さんの「できたね」「よかったね」「すごいよね」というほめてくれる飴があったから、本来の自分の姿から離れ、無理やりがんばっていただけなのです。

本来は広々とした野原で、お日様や雨水を受けて育ち、自分は何もしなくても、向こうから蜂がやってきて花粉をつけてくれるのが自然な状態の《お花畑スポットタイプ》の子が、

「こうすると、お母さんが喜ぶ」

「こうしたら、お母さんがほめてくれる」

と、お母さんの顔だけをずーっと見るようになってしまう。花は花でも、野の花ではなく「お母さん（太陽）のご機嫌をうかがい続けるひまわり」になってしまうのです。

だから、

うまくいったときも、失敗したときも、ほめる

ことです。失敗をほめるというと、「失敗して意気消沈している子に、どう声をかければいいのかわからない」と思うお母さんがいるかもしれません。でも、それもむずかしく考える必要はありません。

失敗をほめるということをわかりやすく言うなら、「ほめる」よりも「認める」こと。つまり、できたときも、できなかったときも、普通のときも、「どんな状態でもお前が大切だよ」というメッセージを送り続けることなのです。「コントロールされたほめ言葉」は必要ありません。「いい子になるためのほめ言葉」もいりません。

「どんな状態でも」認める。そして、ねぎらう。努力したときも、努力できなかったときも、うまくいったときも、失敗したときも、「いいよ、いいよ」「いつもあなたのことを見ているよ」と、声をかけずとも「ただ認める」だけでいいのです。むずかしいですね。

子育ての悲劇に発展しやすい組み合わせ

自分の子どもが《お花畑》か《ちゃきちゃき》なのかがわかっていないと、間違って子どもを苦しめることになるし、お母さん自身も子どものことがわからずに苦しむことになります。

先ほども書いたように、《ちゃきちゃきマルチタイプ》のお母さんは、《お花畑スポットタイプ》の子どもを見て、「この子は、なんでこんなにボーッとしてるの？」と思うし、《お花畑スポットタイプ》のお母さんが、《ちゃきちゃきマルチタイプ》の子を見ていると、「この子って、どうしてこんなにしっかりかっちりしているのかしら？」

と思うことになります。

とくに「子育てでの悲劇」に発展しやすいのが、

《ちゃきちゃきタイプ》のお母さんと、《お花畑タイプ》の子どもの組み合わせ

です。

「なんでこんなことをするの?」「なんでわからないの!?」

「この子は、またこんなにぼーっとして!」

と、たいていはお母さんがずっと怒っていることになります。

目の前の現実と違う次元に生きる

《お花畑スポットタイプ》の子どもは、《ちゃきちゃきマルチタイプ》のお母さんが、なぜそんなに怒っているのかが、まったく理解できません。世界がまったく違うのです。違う生き物、違う国の人間と思ってください。

「お母さん、何を言ってるんだろ～？」

「ボク、何かしたのかなあ？」

「お母さんのためにやったのになあ」

と、怒られている理由がまったくわからないし、

「わかんないなあ、早く終わらないかなあ。あ、お母さんったら、今日は髪の毛がはねてるよ」

と、怒られている内容とはまったく関係のないことをずっと思っていたりするのです。


そもそも《お花畑スポットタイプ》は、「目の前の現実とはまったく別のことを考える」ことが多いので、怒っても意味がないのです。

《お花畑スポットタイプ》の子どもは、お母さんがどれほど懸命に話しても、「早く終わらないかな」と思っているか、心がどこかへ行っているかのどちらかです。

《ちゃきちゃきマルチタイプ》のお母さんとしては、そんな《お花畑スポットタイプ》

の子の「心ここにあらず」状態を敏感に感じ取って、たとえば宿題のことを怒っているときは、

「ボーッとしてるけど、ちゃんと聞いてるの？」

「今、どうして怒られていたのかを、言ってみなさい！」

ということになり、それに対して子どもがグズグズと、

「ええっと……クツを片づけなかったことで……」

と言おうものなら、

「もお〜っ、違うでしょ。宿題のことでしょ！」

と、さらに怒りを爆発させることになるのです。

空気の読み方が違う方向に行ってしまう子

《ちゃきちゃき》お母さんの「怒り」と、《お花畑》の子どもの「理解できない」という繰り返しがずっと続いていくと、子どもは、

「ああ、私ってダメなんだ」
「ボクがお母さんをこんなに怒らせているんだ」
と思ってしまいます。

さらにそうした状態が続くと、《お花畑スポットタイプ》の子は、人から怒られること自体をものすごく気にするようになります。そして、「目の前の人が怒っていないかどうか」ということを、ずっと観察するようになります。

本来、《お花畑スポットタイプ》は、「お花畑に座ってポワーンとしている子」「お母さんがゆっくり幸せになることを教えるために生まれてきた子」なのに、《ちゃきちゃきマルチタイプ》のお母さんにずっと「怒られている」と、その場の「空気を読む人間」になってしまいます。つまり、《お花畑スポットタイプ》の子どもが最も苦手で自分らしくないことを無理にやろうとするのです。

また、一般的に「空気を読む」というと、その場にいる全員が考えていることを読む（総意に従う）ことですが、《お花畑スポットタイプ》はあくまでも「自分の目の前の人の心」の機嫌だけを見るためであって、「全体の空気」は読めていません。

「全体の空気」自体もわかっていないので、空気の読み方も、自分の目の前の人の機嫌だけを必死に読み取ろうとすることになってしまうのです。

・《お花畑スポットタイプ》の「空気の読み方」＝目の前にいる１人の心を読む

・《ちゃきちゃきマルチタイプ》の「空気の読み方」＝その場全体の空気を読む

ということになります。

第２章のまとめ

● 子どもには《お花畑スポットタイプ》と《ちゃきちゃきマルチタイプ》がいる。《お花畑》の子には、うまくいったときも、失敗したときも、ほめる

第3章

子どものタイプを見極めよう

わが家で起きた驚きの「火垂るの墓」事件

子どもを観察していて、

どうしてもわが子のタイプがわからない

というお母さんのために、最近、僕の家で起こったある事件についてお話ししましょう。あなたのお子さんが、《お花畑タイプ》か《ちゃきちゃきタイプ》かを知る手がかりになるかもしれません。

先日、僕が奥さんと一緒にテレビを見ていたときのことです。画面に映っていたのは、スタジオジブリの映画「火垂《ほた》るの墓」でした。日本人なら、かなりの割合の人が知っている、太平洋戦争中の兄妹を描いた有名な作品です。

僕はこれまでに数回見たことがあり、ストーリーも、その悲しい結末も、全部知っています。でも、さすがは名作と言われる映画です。何げなくテレビをつけたつもりが、画面から目が離せなくなりました。

しかし、ストーリーが進み、戦争が激しさを増し、兄妹は食べるものもなく、やせ細っていき……そんな場面を、僕が涙をこらえながら見ていたそのときです。突然、奥さんが、一緒に映画を見ながら座っていたソファから、スッと立ち上がったのです。

喉でも渇いたのだろうか、それともトイレに行ったのかと不思議に思っていると、数分後に、シャーッという音が……。そうです、聞こえてきたのはシャワーの音で、なんと奥さんは、お風呂に入っていたのです。

なんの前触れもなく行動する人は……？

「今、クライマックスの場面だよ！」
「今、一番盛り上がってるんだよ！」
「今、すごく感動するところだよ！」

僕の頭の中は「！」と「？」でいっぱいです。毎日一緒に過ごしてきて、奥さんの行動には慣れっこになっているはずなのに、この行動には驚きが止まりませんでした。

このとき、もし奥さんが、

「映画はもう退屈だから、お風呂に入ってくるね」

「あまりにも悲しい場面だから、もう見るのやめるね」

とでも言ってくれていれば、これほどには驚かなかったはずです。

【今】2人で一緒にテレビを見ている

【次】1人でシャワーを浴びに行く

僕の奥さんは、次の行動に移るときに、そばで一緒にテレビを見ている僕に対し、いっさいの説明をしなかったわけです。「お風呂に入ってくるね」のひと言もなく、さっさとシャワーを浴びに行ってしまった……。

「したいことを、したいときにする」彼女にとっては、「周囲になんの前触れもなく、次の行動に移る」ことは至って自然なことで、悪気も何もないのです。

《お花畑》が《ちゃきちゃき》を信頼すると

映画も終わり、しばらくして奥さんはお風呂から出てきました。

「ねえ、『火垂るの墓』、終わっちゃったよ」

と話しかけても、彼女は「ふ〜ん」「どうだった?」と言ったきり、平然としています。

奥さんは、僕がそれ以上話しかけないのを見て、また髪を乾かすためにバスルームに戻っていきました。

奥さんはきっと、僕がなぜ彼女の行動に驚いているのかが理解できないし、そもそも僕が驚いていることにも気づかないのでしょう。

僕は《ちゃきちゃきタイプ》で、これまでの人生で「頭が真っ白になった」経験はないし、そばにいる人には「次はこれをするね」と言ってから行動するタイプです。

対して、僕の奥さんは典型的な《お花畑タイプ》。映画を見るのをやめて、まわりの人間に断りを入れずにシャワーを浴びに行くことなどは日常茶飯事です。

僕が奥さんと結婚したころによく驚かされたのが、タクシーに乗ってもずっと無言でいることや、目的地に着いたときも、お金を払ってそのまま挨拶もせずに降りたりもします。

僕はタクシーを降りるときには、運転手さんに「ありがとう」と必ず言いますが、彼女にとっては、何も言わずに降りることが普通なのです。

《ちゃきちゃきタイプ》の僕からすれば、《お花畑タイプ》の奥さんの行動は、「無礼」「コミュニケーション不足」のように感じてしまいがちですが、

《お花畑》の人に悪気はまったくない

のです。しかも、奥さんに言わせれば、

「《お花畑》の私が何も考えずに行動できるのは、一緒に過ごしている《ちゃきちゃき》のあなたを全面的に信頼しているから」「だからスイッチが切れている」のだそうです。

どうでしょう。ちょっとたとえが極端だったかもしれないけれど、それほど

《お花畑タイプ》と《ちゃきちゃきタイプ》は、
考え方も、行動も、方向性も、まったく違う

ということです。僕と奥さんの例が、あなたの参考になれば嬉しいです。

真っ白以外の判定方法

《お花畑タイプ》と、《ちゃきちゃきタイプ》の判定方法は、

人と話をしていて、頭が真っ白になるかどうか

ですが、

「もっと別の基準はないのですか？」

「そのほかに判断する方法は？」

「私は真っ白にはならないんですが……」

とよく質問をされます。「これがタイプ分けの基準だ」とはっきり断言できるのは、今のところ「真っ白経験のある・なし」だけです。勉強ができる、できない、もカンケイありません。

このタイプ分け基準にも、面白いことを言ってくる人が時々います。たとえば、

「私は《お花畑タイプ》じゃありません！　だって、頭が真っ白じゃなくて真っ黒になるんです」

「真っ白というより灰色なんです」

「真っ白になるというより、ブラインドが下りてくる感じです」

「突然シャッターが閉まる感じなんです」

と、自分が「真っ白じゃない」ことを、力説してくれる人たちがいるのですが、僕から見れば、それらは全部同じ状態です。

ほかにも「時が止まる」「パニックになる」「あわあわする」「意識が飛ぶ」「固まる」「フリーズする」「シャットダウンしてしまう」などの表現があるようです。

完全一致じゃないと納得できない

人と話していて、頭が真っ白に「近い」状態になる人はみな《お花畑タイプ》で、これらの人たちに共通する特徴があります。それは、

自分が納得するために「一致」を求める

ということです。

マルチタイプの僕から見れば、

「頭が真っ白」
「頭の中が真っ黒」
「灰色のブラインドが下りてくる」

などは、全部同じことを言っていると思えるのですが、このタイプの人は、

「私の状況と、ちょっと違う！」

と主張するのです。「なぜそれが一緒なのかわからない」と。

自分だけにぴったり合う完全一致

が必要なわけです。

逆に「それらを一緒にしてしまう」のがマルチタイプというわけです。

どうしてたとえ話が通じないの？

つい先日もこんなことがありました。

お土産としてよく知られている「ひよ子饅頭」をもらったときのことです。ちょうど何人かで打ち合わせをしているときだったので、

「ひよ子饅頭の形って、なんだかおにぎりに似てるよね、だから先ほどの……」

と話のテーマを、ひよ子饅頭のたとえで説明しようとすると、

「え？　おにぎりには海苔が巻いてありますよね！」

「ひよ子饅頭は薄い茶色です。おにぎりは白いですよ！」

「関西のおにぎりは、ひよ子饅頭の三角ではなく、俵型です！」

と言い出す人がいたのです。

こうして書くと、笑い話のように聞こえますが、とにかく、

ほぼ１００パーセント一致していない

と納得できない人たちが必ずいます。

僕としては、そのとき話していたテーマをわかりやすくするため、ちょうど目の前にある「ひよ子饅頭」をたとえにして、「おにぎりの形に似てるよね、だから……」と話を進めたかっただけなのです。

けれど、１００パーセントの一致を求める人には、「近いものにたとえる」こと自体がわからないことのようです。だって「違う」のですから。

2つのタイプが通じ合うのはむずかしい

ひよ子饅頭の話のように「何かにたとえることが通じない人」、たとえ話をされてもピンとこないし、通じにくい人が多いのが、《お花畑タイプ》の特徴でもあるようです。《ちゃきちゃきタイプ》である私のような人間からすれば、ごく普通のたとえなのに、なぜか通じないのです。「なんで別のものにたとえるの?」と。

この話には、もう少し続きがあります。

僕はそのとき、ひよ子饅頭のたとえがわかってもらえなかったことを、そのままにしておくのがイヤでした。せっかく話すからには、相手にわかってほしいし、納得してもらいたい気持ちになりますよね。そこで僕は、

「ひよ子饅頭とおにぎりのたとえは通じないかあ。そうだ!　ひよ子饅頭じゃなくって、別のたとえで話してみよう」

と考え、別の視点から話してみようと思いました。

「ええっと、あのね、猫はいつも家の中でゴロゴロしていて、犬は外を走り回っていますよね、だから先ほどの話のタイプとして……」

と、別のたとえで話し始めた僕に、

「あれ？　さっきまでひよ子饅頭とおにぎりの話をしてましたよね？」

「饅頭が、どうして犬と猫の話になったんですか？」

「おにぎりと犬猫とは、まったく関係がないと思いますよ」

と、すかさず突っ込みが入ったのです。

説明すればするほどドツボにはまる

僕としては、

・どうも「ひよ子饅頭とおにぎりのたとえ」はわかりにくいようだ、

・だから、「ひよ子ではなく別の犬猫のたとえ」にして話してみよう、

であったのに、聞いている人たちからは、

それ、全然わからない!

と突っ込まれ、「いったい何を言ってるの?」と言われてしまったのです。

まるでボケ漫才のようなやり取りです。こんなふうに、わかりやすくしようと思ったたとえ話が、

たとえが通じない

↓

別のたとえを持ち出す

↓

どのたとえも「わからない」と突っ込まれる

というように、「わからない」のスパイラルにどんどんはまってしまい、しまいには、「わからないから、もっとわかりやすく説明してください」と、説明を求めていた人が、こちらが一所懸命に説明すればするほど、ボーッとして説明そのもの、たとえそのものも聞いていなかったりすることが起こります。

ここまで来ると、もう漫才にもなりません。
・ひよ子饅頭はおにぎりの「ような」形
・犬と猫の「ような」タイプ
というように、カテゴリーに分けるなどして理解しようとすること自体が、どうも《お花畑タイプ》の人にはむずかしいようなのです。でもこれ、《ちゃきちゃきタイプ》の心から見た世界ですので、《お花畑タイプ》から見ると「あの人たち、なんかすぐにひとまとめにするよね」になるわけです。

《お花畑タイプ》は系統立てが苦手

僕がこの本の原稿を広げているデスクの上に、ビーズがあります。大きさも、色も、形も、さまざまです。

今、この机の上にあるのと違う色・形・大きさのものが目の前に置かれたとしても、
・糸が通るくらいの大きさで

・ちょっとキラキラしていて
・真ん中や端っこに穴が空いていて
という共通点を見つけられれば、僕たちはそれを同じく「ビーズ」だと認識できます。

「これはビーズ系」

「これはお花系」

「これはパワーストーン系」

というふうに、似たようなものを「系」として認識することができるのです。

それが《お花畑タイプ》の人たちにとっては、世の中にあるものを、なんとなく分類したりまとめたりすることに対して、こだわりがあるようなのです。

「私の机の上に、もともとあるビーズ」

「たった今、机の上に置かれた別のもの」

というふうに、なんとなく似たものを「一緒だね」と認識しないのが《お花畑タイプ》の人の特徴のようです。逆に言うと、《ちゃきちゃきタイプ》＝マルチタイプは何でもひとくくりにしてしまうのです。

では、《お花畑タイプ》の人は、どのようにものを認識するのかというと、

「ここに『ビーズ』がある」

「ここに『石』がある」

「ここに『お花』がある」

というふうに、まず「それぞれが独立した1つずつ」だと認識しようとします。

「ねえ、でもこっちのビーズと、あのビーズは似ていないかな?」

とたずねても、

「いや、こっちのビーズとあっちのビーズとは形が違う、色が違う、大きさが違う。

だから、同じものじゃない!」

となります。つまり、バラバラに置いてあるものから、

「仲間を集めること」

「法則を見つけること」

「共通点を探し出すこと」

はしないようです。数学でいうと、たとえば相似形を探すグループ分けがなかなかできない人たちが、どうも《お花畑タイプ》の人になるみたいです。

後付けの《ちゃきちゃきタイプ》は要注意

こんなふうに子どもも含めて《お花畑タイプ》の人の具体例をあげてきましたが、ちょっと気をつけてほしいのが、

本当は《お花畑タイプ》なのに、あとから《ちゃきちゃきタイプ》になってしまったケース

です。僕はよく、パソコンにたとえて話しますが、その子の「ちゃきちゃき」が、

- **もともと備わっているOSなのか**
- **あとからダウンロードしたアプリなのか**

を、お母さんが、しっかりと見極めてほしいのです。

ＰＣのウィンドウズやマックのように、もとのＯＳ（基本のプログラム）が《ちゃきちゃきタイプ》の子と、ＰＣにあとから「ちゃきちゃきアプリ」をダウンロードした子とは、両者とも一見同じ《ちゃきちゃきタイプ》に見えますが、まったく違います。

だから、「もともと」か「後付け」かを、お母さんがよーく見て、わかってあげてほしいのです。あ、お母さん自身もね。

もともとは《お花畑》なのんびりタイプなのに、お母さんのことが大好きなあまり、

がんばって「ちゃきちゃきアプリ」をダウンロード

してしまう子がいるのです。僕は、あとから

「ちゃきちゃきアプリ」をダウンロードしたタイプがかなり増えているように感じています。

あなたはどちらでしょうか。

「私が生まれた」それだけでお母さんは幸せ

産婦人科の医師として、お母さんと子どもに長年寄り添い、不思議な経験をたくさんしてこられた池川明さんという方がいます。池川さんによると、赤ちゃんはこの世に生まれてくるときに、

・「このお母さんが好きー」と、お母さんを選んで滑り台を下りてくる。そして、

・自分が生まれたら、お母さんは必ず喜んでくれると確信している、

というのです。

「私が生まれたら、このお母さんを幸せにできる」

と信じて子どもが生まれてくるなんて、とっても素敵な話だと思いませんか？

それを聞いて思ったことですが、もし赤ちゃん自身が、
・私が生まれたら、お母さんは幸せな「はず」
・私がそばにいることで、ニコニコする「はず」
と信じているのに、もし、実際に目にしたお母さんが、「幸せそうじゃない」と映ったとしたら、どうなるでしょう。

「え、私じゃダメなの？」

「お母さん、私がいても幸せじゃないの？」

「私ったら、お母さんの役に立たないの？」

「私が何かしちゃったから、お母さんは悲しんでるの？」

もし、こんなふうに見えたとしたら、子どもは、お母さんが笑顔にならないのは、

「私が悪いからだ」

と思って反省し始めるのではないかと。そして、

「もしかしたら、こうすればお母さんを幸せにできるかもしれない」

と思い込んでしまう典型的な例が、《お花畑タイプ》の子が、あとから「ちゃきちゃきアプリ」をダウンロードすることなのです。

「お母さん大好き」が苦しくなるとき

《お花畑タイプ》があとからダウンロードする「ちゃきちゃきアプリ」のことを僕は、

お母さん大好きアプリ

と呼んでいます。

お母さんに大好きでいてもらうために、またはお母さんが大好きすぎて、お母さん好みの「ちゃきちゃき」を子ども自らがダウンロードするのです。

困ったことに、このアプリはとってもよく働きます。だって、世の中で誰よりも大切なお母さんのために駆動しているアプリなのですから。ある意味で「いい子アプリ」「おこられないためのセキュリティアプリ」でもあります。

でも、どうでしょう? これは、《お花畑》の子どもにとって、とても苦しいことだと思いませんか?

だからこそ、お母さんが、子どもの「ちゃきちゃき」が、もともとなのか、後付けなのかをしっかりと見極めてあげてください。

見極め方は、そもそも「人と話していて真っ白になるかどうか」です（P60参照）。

・誰かと喋っていて、フリーズしてしまうかのように

・PCが突然シャットダウンするかのように

・テレビ画面が急にザーッとブラックアウトしてしまうように

私ががんばったからお母さんが喜ぶ？

僕は、これまで数多くの本を出してきたので、たくさんの編集者さん、ライターさんを見てきました。彼らは、僕から見れば《ちゃきちゃき》を体現したような優秀な人たち。企画、打ち合わせ、コンセプトの設定と、きっちりかっちり業務をこなすし、仕事ぶりにもまったくソツがありません。

それでも、本をつくる過程で何度か接していくうちに、

「あれ？　この編集者さん、もしかして《お花畑タイプ》かな？」と気づくことがあります。そういう「ちゃきちゃきアプリ」をあとからダウンロードした編集者さんにいろいろな質問をしていくと、共通しているのが、

私ががんばると、お母さんが喜んでくれた

という経験です。

・部屋を片づけた↓「お母さんが」喜んでくれた
・100点が取れた↓「お母さんが」喜んでくれた
・いい大学へ入った↓「お母さんが」とても喜んでくれた
・いい会社へ入った↓「お母さんが」めちゃくちゃ喜んでくれた

という具合に、自分が何かできるたびにお母さんが喜ぶものだから、無理に無理を重ねて「ちゃきちゃきアプリ」を駆動させ続けてしまうのです。

でも……うれしいのもしかたないようですよね。

また、そもそも学校の教育が「ちゃきちゃきアプリ」をダウンロードするようなものですから、多くの人に入ってきます。ちゃんと、しっかり、迷惑をかけないよう、

ミスのないよう、早く、気をきかせ、空気を読む、という機能が満載のアプリです。

第3章のまとめ

- 《お花畑タイプ》と《ちゃきちゃきタイプ》は考え方も行動もまったく違う。
- お花畑は「自分のことと完全一致」していないと理解できない。
- 「お母さん大好きアプリ」を起動させていないか注意してみよう。
- 子どもの「ちゃきちゃき」が、もともと備わっているＯＳなのか、あとからダウンロードしたアプリなのか、しっかり見極めよう。

第4章

わが子の〈呪い〉を解いてあげるには

子どもの「そのまま」を認めることが第一歩

前章では、お母さんが子育ての〈呪い〉を解くために、まず「わが子のタイプに気づく」こと、そのタイプを変えようとしないこと、と述べました。

お母さんのやることは、すごくシンプルですよね。

だから、子どもに何かが起こったときも、けっして複雑に、むずかしく考えないでください。ポイントは、

・深刻に考えない（大丈夫）
・そのまま受けとめる（そっか〜）
・一緒に笑っちゃう（〜笑）

です。子どもが学校に行かないとき→「宿題しないいんだ、そっか〜」
子どもが勉強しないときも→「学校行かないいんだ、へ〜」
と、お母さんが子どもと一緒に笑っちゃうくらいで、ちょうどいいのです。
子どもが部屋を片づけない→お母さんが一緒に笑っちゃう
子どもが勉強をしない→お母さんが一緒に笑っちゃう
です。

こう聞くと、お母さんの行動がすごく能天気で無責任で何もしていないように見えるけれど、けっしてそんなことはありません。

子どもの「そのまま」を認め、一緒に笑う

単純でシンプルだけれど、その分、お母さんがこれを貫くのは結構たいへんです。

その子の「そのまま」の状態を認める

ためには、実は「お母さんの自信」がものすごくいるからです。

さあ、今から一緒に笑っちゃおう！

自信が必要だと言っても、お母さんだって自分の子育てに関しては初心者なのだから、最初から無理してがんばって笑わなくてもいいのです。

子育てで泣いてもいいし、弱音を吐いてもいい。ただ、泣いて弱音を吐いたそのあとに、あえて笑ってみてください。「それでも大丈夫だ！」と。

お子さんが学習障害と診断されたという、こんなお母さんがいました。


――小学2年生の息子が、ＡＤＨＤ（注意欠如多動性障害）と診断されてから半年、家で1人になると、ずっと泣いていました。私のせいだって。

心屋さんの「子どものそのままを認めて、笑う」も、無理に決まっているって思っていました。でも、ちょっとずつ、ちょっとずつ笑うようにしてみたんです。

子どもが笑っているときにも、無理して一緒に笑うようにしました。

子どもはリビングに、私はキッチンにいて、実際には子どもの様子が見えなくても、何に笑っているのかがわからなくても、笑い声が聞こえたら笑っていました。

そうすると、机の前に20分も座っていられない息子の現実が、「ははは―、そうだよね―、しょうがないよね―」って受け止められて、変わってきたんです。

「3年生からは通常学級ではなく、特別学級になるかもしれません」という校長先生の言葉も、受け止めることができました。自宅でなるべく子どもと笑って過ごせるようにしていただけなのに

――

息子さんの授業態度が、急激に落ち着いてきたため、担任の先生に「もう大丈夫ですね」と言われたときも、このお母さんはそれほど驚かなかったそうです。

お母さんはいつも笑っているだけ。あなたも、今からでも十分に間に合います。子どもの状況にも、罪悪感なんて持たなくていいのです。

大丈夫なんです。

「この子も、私も幸せなんだ」と思うだけです。

とはいっても、これまで、

「〇〇しなさい！」

「〇〇をやりなさい！」

と言ってきたお母さんが、その子の「そのまま」を認めようとするには、最初はすごくハードルが高いし、しんどいでしょう。なぜなら、

認めるより怒るほうが、ずーっと楽で省エネ

だからです。

・子どもの現状を認める

・一見つらい状況でも、一緒に笑う

「認める」ためには、お母さんの、すごい覚悟とエネルギーがいります。

そこで、それを楽にできるようにしてくれるのが「一緒に笑う」ことです。子どもを怒ったり指示したりするだけのお母さんは、実は子育てにかける労力を手抜きしているのかもしれません。そのほうがラクですもの。子育てが「子どもを育てる」ことではなく、「自分を育てる」ことだといわれる所以は、ここにあるのかもしれませんね。

さあ、今日、今、ここから、過去を振り返って笑おう！

明日に向かって、根拠なんていらないから笑おう！

どうですか？　やってみませんか？

まずは自分の中の《お花畑》を認める

お母さんが「子どものありのまま」を認めて、つらい状況を「一緒に笑える」ようになると、状況は確実に変化します。

まず、なんといっても「お母さんの顔」が変わります。

「○○をしちゃダメ！」

「言うことを聞きなさい！」

とばかり言っていたお母さんが、

「そうだよね」

「それでいいよね」

「そのままでいいよね」

と、子どもと一緒に笑う。これほどお母さんの表情が変わることはありません。

お母さんが笑ってくれれば、子どもは本来の自分のままでいられるから、子どもの不自然な状況も変わっていきます。

だから、それまで「子育ての悩み」と感じていたことが、いつの間にかスーッと消えていってしまうのです。

こんなふうに、いいことづくめの
・子どもの現状を認める
・一見つらい状況でも、一緒に笑う
を僕がオススメしても、なかには、

「心屋さんに言われて、そうしようと思うのですが、どうしてもできません」

というお母さんもいます。

そんなお母さんには、僕はこう言っています。

まずは「自分の中のお花畑」を、お母さん自身が認めよう！

自分がこれまでに経験した大ボケや、ありえない失敗や、やらかしてしまったこと、それらをぜーんぶ、大笑いしてみる。

「あー、私ったら、そういえばやっちゃったよなー、ワッハッハー」

「できないよねー！（笑）」

と、笑っちゃうのです。

そうして「自分のダメな部分」を笑っていると、一見むずかしそうに見える子どもの状態に対しても、子どもと一緒に少しずつ笑うことができるようになります。

責めることやがんばることに逃げないで

そもそも「笑っちゃう」ことは、強くてしなやかなハートがあってこそできる、高度な技術なのかもしれません。笑って認めるよりも、自分や他人を責めることや、がんばることのほうが簡単です。

僕はグループカウンセリングやセミナーで、「責めるほうが簡単だよ、がんばるほうが簡単だよ」とよく言いますが、悩んでいる人はみな、「えっ？ そうなの？」と、びっくりします。

でも、そのあとで必ず気づいて、納得してくれます。

「ああ、私、責めることで逃げていた」

「私は、努力することで、現実から目を背けていた」

と、気づいてくれるのです。

目の前の子どものことや自分に起こったことを、

その事実のまま受け入れる

のには、すごい勇気が必要ですし、しんどいことでもあります。だから、

「努力して改善しよう」

「がんばって変えちゃおう」

とするのだけれど、それは、「目の前のことを受け止められず、努力に逃げている」

ことにすぎません。だから、まずは、

・自分ができすぎるお母さんにならない
（ダメお母さんになる）
・マイナスの状況を受け入れてみる
（ちゃんとマイナスを感じる）

を心がけることから、始めてみてください。

できる人、できる親になりすぎない

実は、僕自身が「できすぎて、まわりを責める」タイプでした。会社でも、家でも、「やれ」と言われれば、ある程度のことができてしまう、典型的な《ちゃきちゃきタイプ》です。

でも、以前の僕のように、「できすぎて、まわりを責める」タイプがいると、《お花畑タイプ》の人をどんどん萎縮させてしまいます。できない人のことを「努力不足」にしか見えなかったのです。でも違っていた。だから、あるときから僕は、自分でやらずに、人にお願いすることにしたのです。

自分でできるのに、あえて人にお願いする。本来なら、「できちゃう、こなしちゃう」人が、自分でやらずに人に任せると、なぜか状況はどんどん変わっていきます。

自分ができること、得意なことを、自分がやるよりクオリティの低い仕事をしそうな（と思っている）人にお願いするのは、かなり勇気がいることです。だって、自分の評判が落ちるから。でも、あえて人に任せることで、自分の中にもあった《お花畑》の花のつぼみが、きれいに開いていくのです。

《お花畑タイプ》のお母さんはもちろん、《ちゃきちゃきタイプ》のお母さんにも、自分の中に、自分では気づいていない《お花畑》が必ずあります。それに気づくことができるのです。

子どもに任せてうまくいくことだってある

「自分でできる」「自分のほうが得意」なことを人に任せるようになると、親である自分自身が成長すると言うと、

「そうですね、だから私は苦手な〇〇を人に任せています」

「嫌いな〇〇を人にお願いしてやってもらっています」

と言う人がいます。

ここで僕が言っているのは、「自分がやったらよくできること」を、あえて人に任せてみようということです。自分が得手と思い込んでいることや自分のやり方を押しつけるのではなく、やり方まで人に任せることで、

・自分以上の力

・とんでもない発想

が生まれます。予想もしなかったクリエイティブな状態ができるのです。それまでなら「自分のほうが得意だし、よくできる」と思い込んでいて、

自分流のやり方、考え方

を捨てられなかった分野だからこそ、人に任せてうまくいくことがわかったときの衝撃は、とても大きいのです。とくに《花》タイプの人たちは《マルチ》の想像をはるかに超える解決方法を持ってくるのです。

・今まで自分はいったい何を怖がっていたんだろう

・どうして得意と思い込んで人に任せなかったのだろう

・なぜ、１人ですべてを抱え込んでいたのだろう

と思うようになるのです。

どうですか？　これ、「子育て」も同じだと思いませんか？

箸を初めて持つ子どもに、「私のほうが箸づかいが上手だから」と言って、お母さんが食べさせていたら、子どもはいつまでたっても自分の箸でうまく食べられません。

もしかしたら、あなたも、自分のほうが得意だからといって「子どもにさせていないこと」がありませんか？

本当に好きなことをすればカミカゼが吹く

先日のグループカウンセリングで、こんなお母さんがいました。

「心屋さんは、『好き』を基準にすれば、子育ても人生もうまくいくと言うけれど、よくわかりません。私は今、なるべく好きなことだけをするようにしています。でも、心も体もなんだかしんどいし、経済的にもうまくいっていないのです」

好きなことをしているはずなのに、心も体も、経済的にもつらいというのは、好きなことをしつつ、まだいっぱいガマンしているからです。

好きなことをするというより、好きじゃないこと、ガマンをやめるということ。それをやめながら好きなことで自分を満たしていくのです。


本当に好きなこととしていたら、何度も「カミカゼ」が吹いてきます。

「好きなことをしていたら（ナンカ知ランケド）うまくいった」

「これが好き、でやっていたら（ナンカ知ランケド）道が開けた」

そして、（ナンカ知ランケド）吹くカミカゼは、努力とはまったく別のところにしか現れません。

カミカゼは、努力しないところに吹いてくる。

つまり、努力なんて意味がないことを気づかせてくれるのが、カミカゼです。では、その努力をやめてカミカゼを吹かせるには、どうすればいいのでしょうか。それは、

努力を手ばなす

だけです。具体的にどうすればいいかというと、テキトーにやる、サボる、怠ける、怒られる、見捨てられる、嫌われる、あきれられる……。

この「得意と努力を手ばなすための方法」を聞いて、「きゃーっ！　無理です」と叫ぶ人もいます。それほど「テキトー、サボる、怠ける……」が怖いお母さんは多いのです。

だから、いつまでも努力したり結果を出すようにがんばったりするほうに逃げるのです。そのほうがずっと怖くないからです。そう、努力や得意は、逃げの場合もあるのです。「がんばったけど」と言い訳を先に用意するのです。

がんばって、ダメ母、ダメ女、ダメ人間になってみてください。そうすると、カミカゼが吹きます。「努力は報われる」とは、レベルがまったく違う次元のカミカゼです。自分では「わけがわからん」「理解でき

ない」レベルの風が吹くのです。理解を超えているので、「こうなる」さえ言えないのです。

ダメな母、ダメな女になったくらいで、嫌ったり見捨てたりする人たちからは、もともと嫌われたほうがよかったのです。がんばった自分しか評価してくれない人とは、つき合わないほうがいいのです。

自分にウソをつき続けなければならないつき合いをやめてみると、自分の中の《お花畑》にも、子どもの《お花畑》にも気づくことができます。

「それでいいよ」と言い続けるには覚悟がいる

それでは、《お花畑タイプ》として生まれてきたわが子に、お母さんはどう接すればいいのでしょうか。

「もしかしたら、私、お花畑の子に、すでに呪いをいっぱいかけちゃったかも」と不安になっているお母さんもいるかもしれません。でも、心配することはありません。

自分の子どもが《お花畑タイプ》だとわかったそのときから、

《お花畑タイプ》の子には「それでいいよ」と言い続ける

のです。

《お花畑タイプ》の子どもが、たとえ、

・朝起きなくても

・学校に行く身支度がすごーく遅くても

・宿題をしようとして、机にずっと座ったままボーッとしていても

お母さんはひたすら、「それでいいよ」「そのままでいいよ」と言い続けるのです。

学校に行かなくても、「いいよ、いいよ〜」

宿題をしなくても、「はい、はい〜」

いつまでも着替えずにボーッとしていても、「そうだね〜」

この「それでいいよ」「そのままでいいよ」は、脱力したように聞こえる言葉なので、

これを「言う」こと自体には、そんなにエネルギーはいらないように思えますよね。

でも、《お花畑タイプ》の子どもに、この言葉を毎日言い続けるのは、実はたいへんです。お母さんのエネルギーと覚悟が必要になります。

《ちゃきちゃき》の兄弟とは比較しない

たとえば3人兄弟で、上2人のお兄ちゃんが《ちゃきちゃきタイプ》で、末っ子の男の子が《お花畑タイプ》のケースだと、お母さんはどうしても末っ子を上の子と比較してイライラしてしまいます。《ちゃきちゃきタイプ》の上の子2人と比べて、

「もう！　お兄ちゃんたちを見習いなさい！」

「ほら！　お兄ちゃんはもう食べ終わったよ！」

「さあ！　お兄ちゃんみたいにさっさとしなさい！」

と、つい言ってしまいそうです。

でも、けっして、

「お兄ちゃんみたいに」と言ってはダメです。


僕がそう言うと、ちょっと頭のいいお母さんが、

「お兄ちゃんはこうやっているから、あなたもこうしてみたら？　と、やわらかい口調で言ったらどうでしょうか？」

と聞いてくるのですが、それもやめておきましょう。というか、言うのはかまいませんが、それをするかどうかは本人が決めることなのです。

「うちの子は《お花畑タイプ》だな」と気づいたときから、

「あなたはそれでいいのよ」

「あなたはそのままでいいのよ」


と、とにかく言い続けるのです。

子育てママの初めての「ほっとけ」

お母さんにとって、「それでいいよ」と言い続けることには、最初はちょっとした覚悟がいります。しかも、子どもが小さくて手がかかるときなら、なおさら「いいよー」なんて悠長に構えてはいられないと思うかもしれません。「しつけ」との違いもむずかしいですよね。

そこで、ここでは、まだ小さな子どもが2人いるお母さんの例を紹介しましょう。

——2歳と0歳の男子の子育てママです。2歳の息子のグズリに冷静に向き合うことができました。心屋さんがよく「ほっとけ」「それでいいよ」と言うのに対して、

「本当にそれでいいんだろうか?」

「それって、大きい子に限ったことだよね?」

「幼児をほっといたら、善悪のわからない大人になってしまうんじゃない？」とモヤモヤしていました。

でも、今朝はなんとなく気分がよかったので、息子を怒らずにとことん見守ることを実践してみました。パパは仕事でいなかったのですが、息子は起きてしばらくすると、またグズグズし始めました。

「抱っこー、抱っこー」に始まり、「何か食べたーい」「お菓子食べるー」「これじゃない、これはイヤだあー」「やっぱり、さっきのがいいー（泣）」「お菓子が崩れたー（泣）」（お菓子を投げる）（私、黙って片づける）「イヤだ！　食べるー」

いつもなら、きちんとしつけなきゃ、これじゃいけないと、叱っているところでも、今日は息子に泣かれようが、叩かれようが、お菓子を投げられようが、ただ冷静に行動を見つめていました。

そして、ふと思いつき、

「今日はパパがいないから、寂しかった？　一緒にいたかった？」

と聞くと、息子はワァーッと泣き出しました。その後は落ち着いて、ご飯をモリモリ食べてくれました。ただすねていただけだったのです。

こんなにちっちゃくても、雰囲気を察して、あまえちゃいけないって、ガマンしていたりするんですね――

いかがですか？　子どものグズグズに「それでもいいんだ」と対処し続けたお母さんは、「冷静になれた自分自身にもびっくりした」とも言っています。

お母さんからすれば、泣く、叩く、お菓子を投げるという「問題」に見える事実だけを取り上げることで、叱る必要はなかったのかもしれません。

子どもが小さいうちは、いつも一緒にいるので、つい目の前のことに振りまわされそうになるけれど、ふと一歩引いて、お子さんの意図を感じてみれば、何かとつながる瞬間が来るのかもしれないですよね。

「ちゃきちゃき流」子育てはお花をダメにする

お母さんから「それでいいよ」「そのままでいいよ」と言われ続けた《お花畑タイプ》

の子どもは、やがて大きくなります。そこでどうなるかというと、立派なきれいな花になるのです。

でも、《ちゃきちゃきタイプ》のお母さんは、それまでガマンができません。途中でどうにかして「お花」を整えよう、成長させようとします。

「しっかりした子に育てなくちゃ」と言って、ハサミで枝を刈り取ったり、肥料を与えすぎたり、水をやりすぎたりして、結果、お花をめちゃくちゃにしてしまうことも。

ほうっておけば「きれいな立派な花」になるのに、あの手この手を尽くしてお花畑の子どもを整えようとするのです。「自分の思いどおりの花」にしたいから。

だから、そんなお母さんのもとで育った《お花畑タイプ》の子は、自分がお花なのに、緊張して生きることになってしまいます。そのままお花として育っていればなんの問題もないのに、自分に最も向いていない立派な盆栽になろうとするのです。

《ちゃきちゃきタイプ》のお母さんは、野原の花を見守るのが苦手なので、どうしても自分好みの「ちゃきちゃき流」で手をかけて、立派な盆栽を育てようとします。「野原の花そのままでは心配だから、手をかけて立派に育てなくちゃ！」なんて思ってしまっているのです。

野の花はただ咲いているだけで意味がある

でも、ちょっと想像してみてください。野原に咲いている花は、基本的に自分では何もしません。

何もないところに、どこからか種が運ばれてきて、お日様や雨水のおかげで、いつの間にか自然に芽が出ます。そのうちに芽から枝や葉が伸び、つぼみが開き、花が咲く。そして、自分はその場でそっと咲いているだけなのに、虫たちがやってきて受粉の手伝いをしてくれるので、自然に種もできてしまいます。

どうでしょう? ただ地面に生えて、そこでじっとしているだけなのに、芽が出て、枝が伸び、花が咲き、受粉まで虫がやってくれるのです。

無理なことはけっしてしていないのに、

・花は受粉をしてもらえる

・蜂は蜜をもらえる

と、お互いにとてもいい状態です。野の花はただ咲いているだけで、まわりの役に立ってくれているのです。だから、《お花畑タイプ》の子どもにも「無理を押しつけない」のです。

お母さんのもとですくすくと育って、いつか花が咲いたときに、「きれいに咲いたね」ということだけでいいのです。

世の中の優しさを教えれば花はきれいに咲く

それを立派な盆栽に育てようとするお母さんが、

「世の中って、怖いのよ」

「そのままでは、ダメになるのよ」

「弱いものは、強いものにやられるのよ」

「世間はあまくないの、努力しないとダメよ」

と、怖いことをてんこ盛りに教え込むものだから、

ます。

「そうかあ、世の中って厳しいんだ」

「世間はあまくないんだ、強くなきゃいけないんだ」

と、「空気が読めないお花畑」なのに、世の中の顔を見ながら生きていくことになります。

だから、《お花畑タイプ》の子には、「世の中の顔を見ること」や「世間の厳しさを知ること」ではなく、「世の中の人って、優しいんだよ」と、お母さんが教えてあげることが大切です。

「あなたは、そのままでいいのよ」

「あなたは、それでいいのよ」

と、お母さんがずっと言い続けていると、

「世の中って、いいものなんだ。世間の人は、優しいんだな」

と、《お花畑タイプ》の子どもは思うようになります。そのときに「安心」を得て、立派できれいな花が咲くのです。

《お花畑》の子を守れるのはお母さんだけ

《ちゃきちゃきタイプ》の人たちは、「お花がお花でいること」を許してくれないことが多くあります。《お花畑タイプ》の人のボーッとしているところが許せなくて、隙さえあれば、

「お金は降ってこないんだ」とか、

「そのままでは通用しない」とか、

「おまえの考えはあますぎる」とか、

「世の中は恐ろしい、厳しい」ということを吹き込もうとします。

お母さんが言わなくても、《ちゃきちゃきタイプ》のお父さんが言ったり、兄弟が言ったり、お姑さんが言ったりします。学校の先生も。

《お花畑タイプ》の周囲、つまり「お花でいることを許さない」まわりの人間たちは口々に、

から、

「お花なんかでいてはダメ！」

「世の中は厳しいんだから、そのままじゃダメ！」

と、花の存在そのものを否定しようと攻撃しようとします。だから、この周囲の攻撃

お母さんがお花畑の子を守ってあげる

ことが、とても大事になります。まわりから何を言われようが、

「この子はお花なんだから！」

と、ドーンと構えておくのです。

うるさい周囲が、《お花畑タイプ》の子に、どれほどめちゃくちゃなことを言おうと、

「この子はこれでいいの」

「この子はこのままでいいの」

と言い続ける。お母さんの覚悟がかなり必要になりますが、《お花畑タイプ》の子に対する家族、周囲、世間の風あたりから、わが子を守ってあげられるのは、お母さんしかいません。

想像以上に厳しい周囲の攻撃に耐えるには、

「この子はこういう子なんだからいいのよ!!!」

と、「!」をたくさんつけて言うくらい、お母さんが強気でいるのがちょうどいいのです。お母さんだけは、子どもの味方になってあげてほしいのです。

「この子はこのままでいい」で周囲も変わった

ここでは、「強気で変わった子どもと周囲」の例を紹介しておきましょう。

Aさんは40代の働くお母さん。幼稚園年長の娘さんと夫との3人暮らしですが、娘さんのことでいつも頭を悩ませていたそうです。

――《お花畑タイプ》の5歳の娘は、3月の早生まれのせいか、おっとりしていて、まわりの大人びた友だちから、うまく言いくるめられているというか、損ばかりしているようでした。

誕生日におばあちゃんに買ってもらった可愛いキャラクターグッズを、友だちのいかにも安物のものと交換することもありました。また、私は、そのことを「これでは将来が心配」と、グチグチ責める姑にも悩まされていました。

でも、私自身が心屋さんのおっしゃる「いいのよ、この子はこれで!」を、強気で、心の中でつぶやくようになってから、娘も変わっていったんです――

まず、娘さんの友だちが変わりました。それまでは4月、5月生まれの、同学年でもしっかりめの友だちとつき合っていたのが、娘さんと生まれ月の近い友だちといるようになったそうです。

――友だちとゆったりとしたリズムで過ごすようになったせいか、幼稚園から帰るといつも「疲れた」と言っていたのが、まったく言わなくなりました。姑の性格は変わりませんが、なぜか「孫が心配」というグチはほとんどなくなり、何をどうしたのか、子育てに無関心だった夫が娘に対して優しくなりました。「この子はこれでいいの！」と、ただ思うようにしただけなんですが——

不思議ですね。お母さんが《お花畑》の娘さんを「これでいい」と思うようになっただけで、なぜか友人関係、お姑さん、旦那さんまでが変わってしまったのです（まあ、信じられなくてもしかたないのですが）。

この子はこれでいいんだというように、頭の中の「お子さんのイメージ」が変わると、同じく頭の中の「お子さんの真実」が変わり、視界が変わってきます。これが「仕組み」なのです。結局「自分（お母さん）が変わると、まわりが変わる」ということなのです。

もう一度言います。

「この子はこれでいいの」

「この子はこのままでいいの」

「大丈夫」

まずは、そのままのわが子を「認める」「これでいいと思う」。心屋流に別の言葉で言うと、

「はよ、あきらめなはれ」(京都弁)

です。すると……面白いことが起こります。本当ですよ。

第4章のまとめ

- お母さんは子どものそのままを認めて、一緒に笑うだけでいい。
- 大ボケ、失敗、お母さん自身の《お花畑》を認めよう。
- 目の前のことを受け止められず、努力に逃げていませんか?
- 親が「得意なこと」を捨てる勇気を持つと、カミカゼが吹く。
- 子どものイメージが変わると、子どもの真実も変わる。

第5章

お母さんも〈呪い〉から自由になろう

イクメンでもやっぱりお父さんは「添え物」

僕は、子どもにとっては、お母さんがとにかく大事だと思っています。このごろは「イクメン」という言葉がもてはやされるようになって、父親も子育てして当たり前の時代だから、「心屋さん、子育てにはお父さんも重要でしょう?」と聞かれます。

たしかに、お父さんがいてくれることで「助かるし、役に立つ」こともたくさんあるので、お父さんは、子どもにとってはまったく役に立たないなどと言いたいわけではありません。

でも、子育ての問題を、一本の道に沿ってずっとたどっていくと、最後には必ず、

子どもとお母さんの関係

に行き着くのです。

だから、あるときから僕は、

子育て問題に関してはお母さん一本やりで行く

と決めたのです。

お父さんにはちょっと申し訳ないけれど、母と子の関係の前では、父親の存在は添え物にすぎないと考えるようになったのです。お父さんは、種を植えたらその役割は終了です。

だから、子育てに関して「お母さんと子ども」に焦点を合わせる。子どもの問題、子どもの悩みの問題は、「お母さんとの関係」から探ります。この姿勢をとるようになってから、お母さんたちの悩みがスッと解決するようなったのです。

大好きな本をお父さんに捨てられた子ども

先日、ある編集者さんと話しているとき、こんなことを聞きました。

この女性編集者さんは、出版関係の仕事についているだけあって、小さなときから本を読むことが何よりも好きだったそうです。

本を読み始めると、あまりにも熱中しすぎてほかのことができなくなってしまうので、一度、怒ったお父さんが、彼女の大切にしていた本を、捨ててしまったことがあったといいます。

彼女は、「本を捨てられたことを恨んでいる。父とは、確執がいまだにあります」と訴えるのだけれど、僕が見る限り、その様子からは、それほどお父さんを恨んでいるようには感じられなかったのです。

それで、「お母さんは、お父さんが本を捨てたときに、どうしていたの?」とたずねると、「母はいつも私の味方でした。父が本を捨てても『あなたは本を読んでいていいのよ』と私を認めてくれていました」とのことでした。

お父さんに「自分の状況を認めてもらえなく」ても、お母さんだけは「いつも自分の味方をしてくれた」。これがとっても大事なことなんです。

お母さんさえ味方してくれればいい

お父さんがいくら反対しようが、大好きな本を捨ててしまおうが、お母さんだけは自分を信じてくれている。子どもにとって、それさえわかっていれば、もう大丈夫です。

ほかにも、子どものころ、「お父さんとうまくいかなかった」と言う人がいました。けれど、

お父さんとの問題をたどっていくと、最終的には全部が「お母さんと私の問題」になる

のです。お父さんとの間に、どれほど激しい確執があったとしても、

お母さんは私の味方

という「あたたかな記憶」があれば、子どもは案外、平気で成長していくものなのです。

だから、もしお父さんがこの本を読んでいたら、ちょっと気を悪くするかもしれませんが、

お母さんの重要度から比べれば、子どもにとってお父さんなんてセミみたいなもの

なんです。

そういう僕も父親ですから、この「お母さん重要度の法則」を自分で発見しておきながら、悲しくなってしまうのですけれどね。

でも、そのくらい「お母さんの存在」は、子どもにとって大きいものなんだと思っていてください。

つらいときも嬉しいときもお母さんが基準

先日、こんな話をしてくれた人がいました。

「私の母は早くに亡くなり、小さいころから父が育ててくれました。それでも、ずっと育ててくれた父より早くに亡くなった母の重要度が高いのでしょうか？」

この場合の答えも、

お母さんの重要度が高い

となります。たとえあなたが15歳のときにお母さんが亡くなったとしても、８歳のときでも、１歳のときでも、

「お母さんが今の私を見たら、どう思うだろう？」

「お母さんが生きていたら、きっと喜んでくれるはず」

というふうに、常に「基準はお母さん」なのです。よくドラマでも、子どもが

・何かつらいことがあったとき
・何か嬉しいことがあったとき
に、仏壇の母の写真に向かって、報告をするシーンが出てきますよね。

「お母さんだったらこう思うかな」

「お母さんが生きていたらそうするだろう」

というように、

子どもの頭の中は、お母さんのことで、びっしり詰まっている

ものなのです。

お母さんが水を与え続けてくれるという確信

だから子どもにとって、周囲からどれほどうるさいことを言われても、お母さんが

水を与えてくれさえすれば大丈夫です。子どもの周囲で何が起ころうと何があろうと、

お母さんだけは、私に水を与え続けてくれる

という確信さえあれば、ちょっとやそっとの逆境くらい、子どもは乗り越えていけるものなのです。

子どもにとっての水は何かというと、前述のとおり、「お母さんが、子どもを無条件に認める」ことでしたね。

好きなことをして常にスッキリでいてほしい

ここからは、お母さんのための応用編を紹介しましょう。実は、

お母さんは、自分がスッキリするためなら、何をしても大丈夫

なのですが、この「何をしても」というところが、とても重要です。

こう言うと「本当に何をしてもいいの?」という声が聞こえてきそうですが、心配ありません。この言葉どおりに受け取ってもらって、大丈夫です。

「それって、どういうこと?」

「さっきまで、お父さんよりお母さんが重要って言ってましたよね?」

「それなのに、母親のスッキリのためなら何をしてもいいって、どういうことですか?」

と思うかもしれませんが、お母さんは自分自身のスッキリのためなら、ご飯をつくるのを休んでもいいし、出たくないPTAに行かなくてもいいのです。さらに言えば、ここまで書いてきた自分の子どもを無条件で認めようとか味方になろうとか、そんなことさえ別にできなくてもいいのです。

それどころか、「お母さんは今、怒っているのよ」とか「お母さんは今、ちょっとイライラしているから、そっとしておいて」といったことを、子どもに伝えてもいいのです。

イライラしていることを、実際に子どもに伝えたお母さんがいました。

――「お母さんはね、イライラしたくない。でも、すぐにしょーもないことでイライラしてしまう。どうしよう。もう、わからへんわ」

と言うと、4歳の娘はちょっと考えて言いました。

「お母さん、イライラしたほうがいいよ」

その後も私が「イライラするー」と言うたびに、娘は「イライラしたほうがいいよ」と、ニコニコしながら言っています。これ、すごいですよね。「してもいい」ではなくて、「したほうがいい」だなんて、奥が深すぎます――

このお母さんは、4歳の娘さんから「イライラしたほうがいいよ」と言われると、なんだか笑いが込み上げてきて、イライラが一瞬にして止まるようになったそうです。

以前であれば、「また私、イライラしている。あかん、こんな母親じゃ、あかん」という罪悪感に包まれていたそうですが、「イライラを封じようとせずに、感じきったほうがいい。それを4歳のわが子に言われて、びっくり。これからは娘に相談しよう」と思ったとのことでした。

どうでしょう。このお母さんのように、あなたもイライラをガマンするより、まずは自分の気持ちを伝えてみてはいかがでしょうか。

「子どものために、ご飯をきちんとつくらなくちゃ」

「子どものために、ＰＴＡにはちゃんと参加しなくちゃ」

「子どものために、いつもニコニコ。不満なんて見せちゃダメ」

なんて、無理やりがんばる必要はありません。イライラや、やりたくないことを抑え込むよりも、お母さんが常にスッキリしているほうを、どうか優先してほしいのです。

必ず何かが変わります。

本当に家事をやらなくてもいいの？

「お母さんは『やりたくないこと』をしなくてもいい」

と言うと、

「じゃあ、私は家事が嫌いだから、やらなくてもいいんですか？」

「子育ての面倒なことも全部、すっぽかしていいんですか？」

と言う人がいます。

はい、家事も育児も「嫌いなら、全部やらなくていいよ」です。そしてイヤイヤやる「何か」をやめたらスッキリする、その「何か」を、まずは1つ探してみてほしいのです。

その「何か」は、お母さんによっていろいろだと思いますが、ここで「何かをやめた」具体例を1つ紹介しましょう。

少年野球チームに入っていた小学4年生の男の子のお母さんの話です。

子どもは喜んで野球の練習や試合に参加していましたが、お母さんは「野球の当番」が苦手で、週末が近づいてくるたびに緊張して、ご飯が喉を通らなくなってしまうほどだったそうです。

野球の当番では、子どもたちやチームの監督・コーチに、飲み物や氷を用意して、いろいろな世話をするのですが、朝8時から夕方までと時間が長い上に、ほかのお母さんたちと野球や子どもたちの話をずっとしなければなりません。

このお母さんは、それが苦痛で仕方がなかったというのです。

ある日、監督に、

「グラウンドまで、子どもの送迎はできますが、練習中の当番はできません」

と勇気を出して申し出たところ、あっさり当番メンバーからはずしてもらえたといいます。

「ほかのお母さんや監督・コーチの目が気になって、言い出せませんでしたが、本当にスッキリしました。当番からはずれてみて思ったのが、当番をしている保護者はチームの3分の2くらいで、3分の1は当番をせずに、子どもだけが練習に参加していたんです。

だからといって、この3分の1の保護者が、当番の保護者から悪口を言われているわけでもなかったんです。私は何を怖がっていたのでしょう」

このお母さんによると、子どもはお母さんが当番をイヤイヤやっていたときよりも、野球がうまくなり、先日の練習試合では、少年野球チームに入って初めてのサヨナラヒットをはなったそうです。

「イヤイヤ続けていた何か」をやめたら、お母さんも子どもも、一気にスッキリしたという好例です。イヤなことでも「自分さえガマンすればいいんだ」となると、お母さんも、そして子どもまでも苦しくなってしまいます。

息子さんのサヨナラヒットは、もしかしたら「お母さんは自分を優先させてもいいんだよ〜」と教えてくれていたのかもしれません。

自分優先・自己都合でガンガン行こう！

野球の当番をやめてスッキリしたお母さんもいれば、スッキリとは程遠いところで、自分を責めるお母さんもいます。

——大事な2歳の子どもが、アレルギーになりました。花粉症とアトピーです。私のせいです。

子どもは赤ちゃんのとき、寝ない子でした。それで、私は自分の睡眠をとることを最優先し、まともな家事はほとんどしませんでした。部屋の掃除も怠りました。心身ともにヘロヘロでした。さらに、夜、子どもに寝てもらうために、毎日、日中は公園に連れていき、木陰で休んでいました。

花粉のことなんて、考えが少しも及びませんでした。子どもが1歳になって眠るようになってからは、日中、2人で家にいるのが苦しくて、毎日外で遊ばせるために外出し、このころになっても家事はあまりしませんでした。掃除もです。全部自分のためです。

そうしたら、子どもが2歳になったときアレルギーになりました。自分が楽するためにやってきたことで、子どもの一生を左右するような病気にしてしまいました。苦しくて、つらくて、毎日やっとの思いで生活しています。

今は、罪滅ぼしのように掃除をして、健康的な食事をつくっています。この子がどうなってもいいとは、どうしても思えないのです。自分が楽になりたくてサボったことで、子どもを病気にしてしまったのです。これは、妄想でしょうか？

妄想だとしても、抜け出せる方法があるのでしょうか？　治療や食生活、環境整備など、がんばらなきゃいけないことがたくさんあるのに、がんばらなくていいのでしょうか？　毎日が苦しくて、そのことばかり考えてしまい、頭がおかしくなりそうです――

苦しみ続けているお母さんですが、ここではあえて言いましょう。

キミ、バカだろ～～（笑）

アトピーは、いわば体の過剰反応。花粉症も、花粉が悪いのではなく、必要以上に花粉に体が反応してしまっている、ただのアレルギーです。

しかも、このアレルギーが、「今のあなた」だということが、わかるでしょうか？

お母さんのあなた自身が、過剰反応していることに気がついていますか？

私が、私を攻撃している

わけです。つまり、まともな家事を怠ったことが、子どものアトピー・花粉症の原因のすべてと思い込み、自分が自分を責めている状態なのです。

あなたがやってきたことに、なんのミスも罪もありません。「治療や食生活、環境整備など、がんばらなきゃいけないことがたくさん」と言うけど、あなたがそんなことを言っていたら、お子さんは、もっとモヤシみたいな子になっていたでしょう。

あなたが過剰反応をやめれば、そんなもの、すぐに治る。過剰反応は、やめ、やめ、やめ〜。

まずは、

私、悪くない！

と、100万回口に出しましょう。そして、「自分優先」「自己都合」でガンガン行くのです！　注意しなければならないのは、「もっともっと、きれいに掃除しなきゃ」という方向には、間違っても行かないようにすることです。

「ホントは」イヤなのに、「やらなきゃ！」「できない！」で自分を責めるのではなく、「イヤだからやらない!!」と一度決めると「そんなにイヤじゃなかった」ことに気づいたりもします。「やらなければ」がイヤなだけだったりするのです。

ケガをさせた子の一生に責任が持てますか？

息子がケンカをして、相手の子の顔に傷が残ったことで悩んでいたお母さんがいました。

あれからもう数年がたつのに、相手の女の子の頬には、傷跡がまだうっすら残っている状態です。２人とも同じ小学校の同じクラスだから、子ども同士はもちろん毎日顔を合わせるし、お母さん同士も、参観日やＰＴＡで一緒になります。

「その子の傷を見るたびに、つらいんです」

「その子にも、お母さんにも、機会があれば謝り続けていますが、罪悪感が消えません」

そう言って、お母さんは嘆きます。

お母さんにとって、わが子のしたことが傷としてずっと見えるのはつらいことでしょう。その子の親に会うたびに、イヤな顔をされるのも、耐え難いかもしれません。

でも、お母さんも子どもも、頬にケガをさせてしまったことについて、もうそれ以上、責任は取れないでしょう？

「ケガさせてしまったから、その子の一生に責任を持ちます。うちの息子のお嫁さんにします」などということも言えないですよね。

それで、その女の子とお母さんは喜ばないでしょうし、ね。

ここで、考えてみてほしいのは、その子は頬に傷があることで、本当に不幸なのかということです。

外国のおとぎ話ではないですが、もしかすると傷があることで幸せになる可能性だってあります。素顔になると、うっすら傷が残っている。それを上手に隠すためにお化粧が上手になるかもしれないし、大きくなって素晴らしい化粧品を開発するかもしれません。傷なんて気にしないよっていう、本当にステキな男性にめぐり会えるかもしれない。

そもそも、彼女自身が、傷が残ったことを、こちらが考えるほどイヤだとは思っていないかもしれません。それなのに、傷つけたからといって謝り続けるということは、相手の女の子は傷があることで不幸になると一方的に決めつけていることになります。

さらに、傷つけられた女の子にとっては、あまりにもずっと謝られ続けたために、「私の傷のせいで、あの親子は苦しみ続けている」と、逆に罪悪感を持つようになるかもしれません。

もし、その頬を傷つけられた女の子のお母さんが、とても執念深い人で、「うちの娘にしたことを許さない！」と言う人だったとしても、できることには限界があります。ケガの治療費を出す、お詫びの品を持って謝罪に行く、経過を見守り、しばらくあとにまた謝罪する……。

でも、何をしてもケガをさせたという事実は取り消せないし、できることには限界があります。それなのに「謝り続ける」お母さんと「謝罪を受け続ける」お母さんがいるのは、「謝り、謝られるのが好き」だからなんです。これでは、

謝る側も謝られる側も幸せになれません。

罪悪感はあっさり終わらせることが一番

ここで、ちょっと怖い話をしましょう。

実は、先ほどの子ども同士のケンカでケガをさせたお母さんのように、誰かにずっと謝り続けることになってしまう人には、ある特徴があります。それは、

謝る儀式

を人生で繰り返し行っているということです。

このお母さんは、子どもがケンカで誰かを傷つけるずっと前から、実は「謝る人生」を歩み続けてきた人なのです。別の言葉で言うと、

・私は人を傷つける
・私は人に謝らないといけない

と、小さいときに自分の中に「罪を持ってしまった人」です。

では、どうしてそうなってしまったのか、きっかけをたどっていくと、これまた自分のお母さんとの関係にたどり着いたりするのです。

・私がお母さんを傷つけた
・私がお母さんを幸せにできなかった、助けられなかった

という思いを抱えて生きていると、ずっと謝り続けなければならないような罪のある出来事が、人生で「引き続き」起こってしまうのです。

では、

「やっぱり、私は人を傷つけるんだ」
「やっぱり、私は人に謝らなくてはいけないんだ」

と、ずっと思って生きてきた人は、どうすればいいのでしょうか。それは、

もう、自分に罪はないよ

と自分を許すだけ。これだけでいいのです。

どうですか？　すごく簡単でしょう？　このお母さんの例で言えば、

「子ども同士のケンカ?」

「傷くらいつくことはあるよ」

「子ども同士なら、なおさら誰でも傷つけるからね」

「あなたは罪人じゃないよ、もう十分に償ったよ」

「ハイ、終わりっ!」

と、終わらせてしまうのです。

もしも、何年もたって「あなたの息子がつけた傷のせいで、娘がお嫁に行けない」

と文句を言ってこられても大丈夫。そのときは、

「ごめんなさい」

と表面上だけ謝っておくのです。そして、心の中で、

「もし傷がなくても、あの顔ではお嫁には行けないわよ(笑)」

「安心して。あなたの娘は傷があろうがなかろうが、結婚できません(笑)」

と思えばいい。

過剰な罪悪感は、笑いながら強制終了

させてしまえばいいのです。

ものわかりのいいお母さんにならなくていい

子育てをしていると、時に理不尽といってもおかしくない場面に遭遇します。

・子どもがいじめられるのも
・子どもが学校へ行かないのも
・子どもの成績が上がらないのも
・子どもが友だちとうまくいかないのも

お母さんが努力して解決することもありますが、お母さんやお父さんが何をしても解決しない、事態がまったく好転しないことは、たくさんあります。

とくに結婚前に自分をセーブして実績を上げてきた人や、成果を上げてきた人ほど、結婚後にうまく子育てができない自分を許せない傾向にあるようです。

「子どもがいじめられるのは、私の愛情が不足していたからだ」

「子どもが学校へ行かないのは、私の態度が悪かったからだ」

「子どもの成績が上がらないのは、私が子どもに絵本を読んでやらなかったからだ」

でも、考えてみてください。いじめにしろ、不登校にしろ、成績ダウンにしろ、「原因が1つ」「原因がお母さんだけ」にあるとは限りません。

だから、そんなときは、子育てがうまくいかない原因を探すのをやめて、ちょっとひと休みしてほしいのです。どうひと休みするかというと、

ものわかりの悪いお母さんになる

のです。

「私は子どもを、きちんと愛していただろうか?」

「私はどんなときも、子どもに愛情を注いでいただろうか?」

「私は子どもを、世間の悪から守ってきただろうか?」

という反省をいっさいやめてしまうのです。

母としての自分を振り返らずに、反省会をしないでいると、今度は、

「子どもがいじめられて、私は悲しい」

「子どもが学校に行かないので、私はつらい」
「子どもの成績が悪いので、私は不安だ」
という「自分の感情」に気づきます。子どものことを心配するあまり、ふさいできた「お母さん自身の感情」に、ぜひ向き合ってほしいのです。

もちろん、このひと休み中は、泣いて、悲しんで、暗くなってもいいのです。ものわかりのいいお母さん、子どものことを第一に考えるお母さんでなくていいのです。

まずは、「自分が感じる」ことだけに向き合ってください。自分の中から出てきた感情ときちんと向き合っていると、自分はどうしたいのかが、しだいにはっきりしてきます。

その上で、

「不登校の子どものために、私は学校へ行って先生ともう一度話そう」

と思うかもしれないし、

「今は子どもの様子をそっと見守ろう」

と思うかもしれません。

ものわかりのいいお母さんを、まずは今日1日、やめてみませんか？

「子どものために」は実は「自分のため」

ものわかりのいいお母さんをやめると、もう1ついいことがあります。それは、「子どものためだから」という偽善に気づけることです。

「〇〇ちゃん、学校へ行かないと、あなた困るわよ」

↓「学校へ行くのは、あなたのためなのよ」

「〇〇ちゃん、勉強をしないと、あなた困るわよ」

↓「勉強をするのは、あなたのためなのよ」

「〇〇ちゃん、友だちと仲良くしないと、あなた困るわよ」
↓「あなたが学校で、ひとりぼっちにならないためよ」

こんなふうに、お母さんが子どもに「あなたのためだから」というセリフを口にするのは、本当に子どものために言っているのでしょうか？

もしかしたら、お母さん自身の不安や恐れから、この言葉を口にしている可能性はないでしょうか？


「〇〇ちゃん、学校に行かないと、あなた困るわよ」

↓「学校に行くのは、あなたのためなのよ」

↓（本当は）〇〇ちゃんが学校に行かないと、私が恥ずかしい。（不安）

「〇〇ちゃん、勉強をしないと、あなた困るわよ」

↓「勉強をするのは、あなたのためなのよ」

↓（本当は）〇〇ちゃんが勉強できないと、私がパパに責められる。（恐怖）

「○○ちゃん、友だちと仲良くしないと、あなた困るわよ」

↓「あなたが学校で、ひとりぼっちにならないためよ」

↓（本当は）○○ちゃんがいじめられたら、かわいそう。（悲しみ）

どうでしょうか？「子どものため」と言いながら、本当はお母さん自身が不安や恐怖を取り除くために、必死になってこの言葉を口にしているように思えませんか？

「子どものため」は、実は「お母さんのため」だったのです。

さあ、あなたはどうでしょう？

第5章のまとめ

- お母さんは私の味方という「あたたかな記憶」さえあればいい。
- お母さんがスッキリするためには、何をしても大丈夫。
- イヤイヤやっている何か一つを、まずやめる。
- 「私のせいだ」という罪悪感はあっさり終わらせる。

第6章

お金の〈呪い〉をはずして親子で豊かに

お金に厳格な親が「貧乏の呪い」をかける

ここまでは、子どもに子育ての呪いをかけてしまっていること、呪いには子どものタイプによって違いがあること、呪いを解くためには、子どものそのままを認める、お母さんが一緒に笑うことが大事、とお伝えしてきました。

この章では、最近、とくによく相談を受ける「子育てとお金」について説明していきましょう。

実は、お父さんやお母さんは、知らず知らずのうちに、わが子に「お金の呪い」をかけている場合があるのです。もっとはっきり言えば「貧乏の呪い」です。

小さいときから、お父さん、お母さんに「お金を大事に使いなさい」と言われ、厳しく育てられる人がいます。大きくなってからも、小遣い帳をつけたり、安いものを探して買ったりと、1円単位で節約をしている。でも、本人によると「ちっともお金が貯まらない」という具合です。

こんなふうに親にお金の面で厳しい教育を受けた人に限って、豊かになれなかったりするのは、親がお金の恐怖（呪い）を与えているからです。

世の中には、お金の恐怖（呪い）をすり込む言葉が山ほどあります。

「お金は汚いものだ」
「お金を持つと、いらない人が寄ってくる」
「子どもにお金の心配をさせるのはよくない」
「お金を稼ぐのは大変だ」
「ムダ遣いしてはいけない」
「やりくり上手な妻が良い妻」

お金に厳格な親自身が、こうしたお金の恐怖をすり込む言葉で頭がいっぱいになっていることが多いから、子どもにも同じように恐怖の言葉をすり込んでしまうのです。

恐怖の言葉をすり込まれたあとに生まれてくるのは、「貧乏の呪い」です。いくらお金をやりくりしても、豊かにはなれません。

子どもが罪悪感でお金を使うワケ

お金の恐怖（呪い）を与える親には2種類のタイプがあります。

・とにかく使うな系

・よいことだけに使え系

「とにかく使うな系」はわかりやすいと思います。

「お金は大事だから、とにかく使うな」

「いざというときに備えて、とにかく1円でもムダに使うな」

という親です。だから、子どもは、いつもお金をおそるおそる使うようになります。

それに対して「よいことだけに使え系」の親は、

「くだらないことにお金を使うな」

「そのお金の使い方は死に金だ」

と言います。

一見「お金をよいことに使う＝有意義な使い方を教育してくれる」ことに見えるので、いいように思えるかもしれません。でも、実は「有意義な使い方」というところに落とし穴があります。

とにかく、親の認めるいいことに使わないと怒られるので、子どもは常に「これはよいお金の使い方なのか、悪いお金の使い方なのか」を、毎回必死に考えることになります。

どうでしょうか？　もしあなたが、文房具を買ったから「よいお金の使い方」であり、ゲーム機を買ってしまえば「悪いお金の使い方」というように、お金をよいことに使えたかどうかを、いつも考えなければならないとしたら、とてもたいへんだと思いませんか？

「親がよいと思う」ことがすべての基準なので、親が言うことと自分の好きが一致していないと、ものすごい罪悪感を持ってお金を使うことになってしまうのです。

お年玉を10万円あげてみるとわかること

たとえば、アルコールが苦手で1滴も飲めない親にとっては、

「お酒にお金を費やすなんて、バカげている」

「アルコールにお金を費やすのは、身を滅ぼすことだ」

と、とらえるでしょう。でも、もしかすると、自分の子どもは何かのきっかけで、お酒の世界に興味を持つかもしれません。

NHKのドラマがきっかけで、ウイスキーづくりに興味を持つかもしれないし、日本酒の杜氏や、ワインのソムリエに関心を寄せるかもしれません。チョコレートの好きな子どもが、ケーキに使われるブランデーからお酒に目を向けるかもしれません。

お酒の世界にせっかく興味を持っても、親の言う「よいこと」にしかお金を使えないでいると、自分の好きなお酒の世界の専門家の道、杜氏やソムリエへの道が閉ざされてしまうかもしれないのです。

だから、「子どもに豊かになってほしい」と思うなら、親は、子どもがお金をどう使おうと知らんぷりしているのが一番いいのです。

「ゲームソフトばかり買っている」

「同じような服をまた買った」

「しょうもないことにお金を使っている」

というように、お金の使い方に一喜一憂せず、どーんと構えているだけでいいのです。

でも、「それは無理です、苦手です」というお母さんには、こんな提案もしています。

お子さんにお年玉を10万円あげてみてください。

使い道にあれこれ口を出すのは、もちろんダメ。お子さんがお年玉をどう使おうが、黙って見守ってみるのです。そうすると、親が予想もしなかった不思議なことが起こるかもしれません。

先日、僕の「お年玉10万円」をさっそく試したお母さんから、こんなことを聞きました。

――お年玉を10万円も与えるなんて、とんでもないことだと思っていました。だって、長男も次男も、お小遣いは渡しただけ使い切るタイプ。でも、今回はお正月から1カ月以上たつのに、2人ともまだお金を使っていないのです。
そればかりか、先日、長男は塾の春期講習代にこのお年玉を使う、と言い出しました。自分のお金で受講するほうが結果が出ると思うと言うのです――

どうでしょう？　とっても不思議だと思いませんか？
このお母さんのところでは、たまたま「塾代に使う＝親が喜びやすい例」だったけれど、もしお子さんが全部ゲーム代に使ったとしても、もちろん、文句を言ってはいけません。

子どものお金の教育はどうしたらいいの？

僕はときどき、学校での講演会を依頼されることがあります。そのときに、

「子どものお金の教育は、どうしたらいいですか？」

と質問されることがあります。

実際に、専門家を招いて「小学生からの賢いお金の使い方」という授業をしている学校もあるようですが、僕は、お金の教育なんて大げさなものはいらないと思っています。

もし、子どもがお金を使うときに何か声をかけるとしたら、

「お金は自由に使ったらいいよ」

それで、終わりです。こう言うと、

「子どもにこそ、ちゃんとしたお金の使い方を教えないといけないのでは？」

「子どものうちにお金の使い方を学ばないと、大人になってから困るのでは？」

と、心配するお母さんがいます。でも、それも必要ないと思います。

その「ちゃんとした使い方」であなたはお金持ちになれた？　あなたの「ちゃんと」で幸せになれるの？　ということ。そのやり方で、あなたは困っているよね？

それよりも、もし親が子どもにお金の使い方の手本を教えたいというのなら、大人が「変態的に」お金を使っているところを見せたらどうかと思います。

人は好きなことに対しては「変態的」になります。変態的にお金を使うとき、「人から見て、おかしいかな？」とか「バカバカしく思われるかな？」とは、あまり考えません。お母さんが洋服が好きなら、変態的にたくさん洋服を買う。お父さんがゴルフ好きなら、変態的にゴルフにお金を使う。そういうことです。

親子で豊かになるお金の使い方

変態的なお金の使い方とは、自分の自由に使う、それだけです。だから、子どもに可愛い服を着せたい人は、子どもの服にお金をかければいいいし、自分のおしゃれのほうが大事だと思うお母さんは、自分の服を買えばいいのです。

自分の服を買いすぎて、その結果、お金がなくなってしまったら、子どもの服を買わなくても大丈夫です。

こう言うと、「子どもにはボロを着せて、自分だけが着飾るのって、どうなの？」という外野からの非難の声が聞こえてくるかもしれませんが、それも気にしません。とにかく、変態的に「親の自由」でお金を使えばいいのです。

お母さんが買った服で楽しそうに着飾っていたら、

「大人になったら、お母さんみたいに服にお金を使っていいんだ！」

「そっかー、お母さんのようにおしゃれな大人になるぞー」

と思うかもしれないし、

「大人になったら、稼いで服を買うぞー」

と思うかもしれない。

もしかすると、「お母さんはきれいな格好をしていたのに、ボクの服はイマイチだった」と思うかもしれないけれど、それは心配しても仕方のないことです。でも、お母さんが楽しそうにお金を使っていたことは、子どもに確実に伝わります。

これがお金の教育であり、お金の〈呪い〉を解く方法なのです。

ノーベル賞受賞者も自由にお金を使った

ノーベル賞を受けた学者さんたちは、研究や開発でたくさんお金を使っています。

ノーベル物理学賞を受賞した小柴昌俊さんや梶田隆章さん。彼らが研究していたカミオカンデ、スーパーカミオカンデでは、これまでに数百億円の研究費が投入されているそうですが、今後はさらなる発見を目指し、2025年までに800億円規模でハイパーカミオカンデの実験開始を予定しているといいます。

「世紀の大発見」には、たくさんのお金がかかります。小柴さんや梶田さんをはじめ、研究開発に携わってきた学者さんたちは、たくさんの研究開発費を「変態的に使うこと」で成果を上げてきましたが、実際はノーベル賞をとれない研究が大半です。

ノーベル賞をとったから「意義がある」「社会の発展に役立つ」と、クローズアップされますが、何十億円の研究費がかかっても、世界中でライバル関係にある研究者に先を越されたら、今までに使ったお金がムダになることもあります。

でも、「こんなに研究費を使うなんて、バカげているかな?」とか、「使った研究費がムダになったら、返さないといけないかな?」なんて考えながら過ごしている研究者はいないでしょう。

毎日毎日、研究に打ち込んでも、評価されるかどうかの保証はゼロ。それでも研究者たちは、やりたいから研究を続け、そこにお金を使います。そして、そのお金を使うことを許されています。

僕は、ノーベル賞を受賞するような研究者も、お母さんも、同じだと思っています。研究者の研究も、お母さんの洋服も、興味のない人から見れば価値がないし、意味がないし、役に立たないことにお金を使っているように見えるかもしれませんが、ただ「自分が研究したいから」「自分が服を着たいから」お金を使っています。それを自分が許可するかどうか、それだけです。

自分が「やりたい」からお金を使うということは、「損得でお金を使う」のではないということです。

実際に、お母さんが「自由にお金を使う」ことで、子どもが何を思い、どう育つのか、それは誰にもわかりません。

「こうすれば、必ずこう育つ」というセオリーは、子育てにはないけれど、自由にお金を使うことが損得ではないということは、子どもにも確実に伝わっています。

そうすると、今度は子ども自身が、損得でお金を使わず、自由にお金を使うようになっていくのです。

お金があって当たり前なのがお金持ち

ここまでは、お金の「使い方」について述べましたが、ここからは、お金を「得る」ほうの話をしましょう。

「勉強したから、お金をもらう」

「お手伝いをしたから、お金をもらう」

「何かができるようになったから、お金をもらう」

というように、「条件づけ」でお金を渡している家は多いかもしれません。


そのこと自体は、特別に悪いというわけではないのですが、自分に入ってくるお金のすべてが「条件づけ」になってしまった子どもは、

お金は「苦労して努力しないと」手に入らない

と思い込んでしまいます。「お金＝苦労と努力の対価」だから、
・私はがんばらないとお金を手にできない人
・私は楽をするとお金が入ってこない人
というように、お金に対するハードルだけが、著しく高くなっていくのです。

でも、世の中でお金を豊かに持っている人たちは、どうもそうではないようです。

お金があるのが当たり前、お金は入ってきて当たり前、つまり、「お金があること＝初期設定」の状態になっているようなのです。

お金が入ってくる大人に育てるには

「こんな時代だから、子どもが勉強ができるだけでは心配」

「お金をきちんと稼げる子どもにするには、どうしたらいいでしょうか？」

と、セミナーで質問されたことがあります。そのとき、僕はこう答えました。

「稼ぐためには、子どもに『お金にあまい考え』を持たせましょう！」

たとえば、
・お金は蛇口をひねったら出てくるよ
・お金はあるのが当然だよ
・お金はラクしてもらうものだよ
というあまくてラクな考えを、子どもに言ってみてください。世間では、
・お金を稼ぐのはタイヘンなんだ
・お金は天から降ってこない

・世間はあまくない
・人を喜ばせないとよいお金はもらえない

など、「お金＝努力しないと手に入らない」系の格言がたくさんあります。だから、おじいちゃんやおばあちゃんが子どもにカンタンにものを買ってあげたり、おこづかいをあげようとすると、怒り出すお母さんがいるのです。

でも、これらと正反対の「あまくてラクなお金の考え方」を親が教えてあげると、なぜか子どもはお金を勝手にどんどん稼げるような大人に育っていきます。

先日某テレビ番組で、あるお医者さんが「小学生のころから、１００点をとると親からお金がもらえた」と話していましたが、「何かしたからお金をあげる」より、「何もしなくてもお金をあげる」ほうが、子どものためにはいいのです。

特別なときだからとか、親の喜ぶ何かをしたとか、そういう「条件つき」でのお金の渡し方よりも、

・なんの脈絡もなく、子どもにお金をあげる
・突然、多めのおこづかいをあげてみる

ほうが、どうやらお金を稼げる子になるようなのです。

自分の価値を信じる、だから収入が上がる

僕が「何もしなくてもお金をあげる」ほうが、子どものためにはいいと言うのは、

・自分は存在しているだけで素晴らしい
・自分は存在しているだけで価値がある
・何もないこのままの自分でも、豊かさを受け取っていい

ということを、親が子どもに伝える1つの方法になるからです。
つまり、存在そのものが素晴らしい、存在そのものに価値がある
↓「そんな私」だからお金をもらえる
という「考え方」を、子どもにわかりやすく伝えられれば、子ども自身が勝手に豊かになっていくということです。

この考え方の「芯」になるのが、

存在給

という言葉です。これは文字どおり、

「私が存在している、だから、もらえる」

「私だから、何もしなくても、収入はもらえて当然」

という意味です。このように思えない人（親）は、豊かなことは当たり前」
・自分の価値を見くびりすぎている
・自分を過小評価しすぎている
のです。そんな自分の子どものことも、低く見積もりすぎています。だから努力して、苦労して、がんばって「歩合給」を稼ごうとしてしまう。

大富豪と呼ばれる人たちは、「豊か

な子どもの育て方」をよく知っていて、わが子の存在給をめちゃくちゃ高く見積もっています。

それを知らずにがんばって稼いでいる小金持ちの親は、わが子の存在給をめちゃくちゃ低く見積もっています。だから、お金を得るためには、

「がんばって働くのよ」

「人の役に立つのよ」

「人に喜ばれることをするのよ」

「がんばって収入を上げなさい」

と歩合給の教育するし、それができない子どもを責めます。豊かでいるために働き続けろ、休んではダメと教え続けるのです。

「存在給」を上げて豊かになる!

「豊かになるための考え方=存在給」の話をすると、

「心屋さん、存在給っていうけれど、子どもが自分の人生を生きていくには、どうやったってお金がかかります。もし、子どもが病気や寝たきりになって働けなくなったりしたら、稼げない分、存在給はマイナスになると思うのですが……」

という質問を受けることがあります。

これに対する答えは、非常に簡単です。稼がないと収入はないと（親が）思っている限り、（子どもの）存在給は上がらない、ということです。

存在給を上げられなくて、「稼がないと収入はない」と思っていると、いつまでたっても豊かになれません。

お金持ち、とくに遊んで暮らしているお金持ちは、よく働いているからではなく、

信じていることが違います。

つまり、

自分の「存在」は価値がある

と無条件に信じています。

お金持ちで働いていないセレブも、働いてはいないけれど「豊か＝存在給が高い」のです。お金持ちのセレブの奥様は、使いきれないほどお金を持っていますよね。だから、

稼ぐ＝収入ではない

ということです。

さらに言えば、お金持ちセレブの奥様は、家事も育児も人に任せていたり、お金をただ使うだけだったりしますが、彼女たちは、「私だからもらえる」と当然のように思っています。

僕も、この概念に気づいてから、

・仕事を減らす＝稼ごうとするのをやめる
・仕事を減らす＝人の役に立とうとするのをやめる
・がんばるのをやめる＝サービスの質を高めようとするのをやめる、期待やリクエストに応えるのをやめる

ということをすればするほど、収入は上がっていきました。

世間で信じられていることの真逆です。世間では、品質を上げて、サービスを上げて、価値を上げて、喜ばれて、与えて……「そう」すればするほど、収入が返ってくる、高くなると信じられています。

でも、この考え方が行き着く先は、「そう」できなくなったときに、とてつもない苦しみに陥ることです。「そう」しているのに、収入が上がらない、豊かになれないという「とてつもない苦しみ」が生まれます。そして、

・「そう」できない→自分が悪い
・「そう」やれない→自分のがんばりが足りない

という自分責めに入ります。そして、

・「そう」できていない人や部下を責めます
・「そう」指示しない、できない会社のことも責めます

責め続ける戦いに入ってしまうと、ずっと休めない、ずっと止まれない、がんばっている間にしか、幸せを感じられないことになります。その例が過労死です。そんな状態は、おかしくないですか？

僕たち親はもっと豊かになれるし、子どもたちにも、もっと豊かな人生をと伝えら

れる。そのためには存在給を上げよう――僕はそう信じています。

第6章のまとめ

- 厳格な親ほど子どもに「お金の恐怖」を与え「貧乏の呪い」をかけている。
- お年玉を10万円あげると、子どもに不思議なことが起こる。
- 親が自由にお金を使うところを、子どもに見せる。
- 子どもに「お金はあって当たり前」の初期設定をしてあげる。

終章

心屋先生の誌上カウンセリング

魔法の言葉で〈呪い〉を吹き飛ばしたお母さんたち

子どもがゲームに熱中して勉強しない！

幼稚園の女の子（4歳）と、小学6年生の男の子（11歳）がいます。小6のお兄ちゃんが、ゲームばかりして勉強をせず困っています。住んでいるのは教育熱心な学区で、6年生のうちの半分が中学受験をするほどです。まわりの子たちが、塾に、受験勉強にと忙しそうにしている中、お兄ちゃんは1日のほとんどをゲームに費やしています。私がゲーム機を隠しても、いつの間にか探し出してきて、友だちのところで隠れてやるといった具合。

最近、私は、テレビでゲーム機のCMを見るだけで、イライラしてしまいます。お兄ちゃんは、ゲームは1日に何時間までという約束も守れないし、いっそのことゲーム機を壊して捨ててしまおうかと考えています。主人や姑も心配しています。どうすればいいでしょうか？

ママ　心屋先生、よろしくお願いします。最近、私、本当にイライラしてしまって。今、こうしている間も、息子が勉強していないんじゃないかと不安で。

心屋　なるほどね。それでゲーム機を壊してしまいたいほど悩んでいるんだ。

ママ　はい、先日、話題になっていましたよね。音楽家でしたっけ？　子どもが1日にこれだけ、と約束した時間を超えてゲームをしたから、ゲーム機を壊してしまったっていう方が。

心屋　へえー、そんな人がいたんだ。

ママ　はい。私、その方の気持ちがすごくわかります。とにかく息子はほうっておくと、ゲームをずっとしているし、1日に何分までねと約束しても、守らないんです。

心屋　うんうん、なるほどね。息子さんは、ゲームがやりたくて仕方がないんだろうね。

ママ　ゲーム機を隠しても見つけてしまうので、私のカバンの中に入れて、息子がゲーム機を持てないようにしたんです。そうしたら……。

心屋　友だちのところに行って、ゲームをしているとか？

ママ　えっ、どうしてわかったんですか！

心屋　わかるよ、なんとなくだけどね。だって、ゲーム、楽しいじゃないですか。

ママ　そうですか。私はゲームをしないので、わからないんです。

心屋　今までに一度もゲームをしたことがないの？

ママ　はい、私の母がかなり教育熱心だったんです。小さいときから本やおもちゃは与えてくれましたが、テレビゲームや携帯ゲームは買ってもらったことがなかったです。

心屋　なるほどね。ゲームをしたことがないから、よけいに息子さんがゲームに熱中する気持ちがわからないんだね。

ママ　はい。それで息子が通っている学区は、受験熱の高い地域で、クラスの6割以上が中学受験をするんです。まわりが必死に受験勉強をしているのに、息子はゲームばかりで。

心屋　ふーん、そうかあ。じゃあ、息子さんは中学受験をしないんだね。

ママ　はい、教育熱心な土地柄で、地区の公立中学もいい雰囲気なので、中学にそのまま通わせて、高校受験でがんばってくれたらと。

心屋　なら、いいじゃない？　中学受験をしないなら、今、息子さんが多少ゲームをやったって。

ママ　それが、そうもいかないんです！　中学受験をしない子たちでも、小6の今から高校受験に備えて塾通いをしているくらいなので。

心屋　へえー、すごいね。受験は4年後なのに、今から塾に行くんだね。

ママ　はい。だから、今からしっかり準備して、高校受験に備えてほしいのに、ゲームばかりしているんです。受験はまだまだ先だからと、息子は気が抜けているのかもしれません。こんなことなら、中学受験をさせたほうがよかったかも。息子は、どうすれば勉強をするようになるのでしょう。

心屋　いや、無理でしょ。

ママ　そんなこと、言わないでください。勉強時間が増えなくてもいいんです。ゲームをする時間が少し減るだけでもいいんです。何か方法はないですか？

心屋　無理だと思うよ。だって、息子さんはあなたが規制しても、なんとかしてやろうとするほど、ゲームが好きなんでしょ？　あのね、そもそもあなたは、ゲームをしたことがないって言ってたけど、1回、息子さんが夢中になっているゲームをしてみたらどうだろう？

ママ　ええっ、私がですか？

心屋　うん、そう。息子さんがそれほど夢中になるゲーム。なぜ、そんなにやりたくなるのか、理由だけでもわかったらいいとは思えないかな？

ママ　うーん、そうですね。でも私、ゲーム音痴というか、やろうとしても、きっとうまくできないと思うんですけど。

心屋　あのね、うまくできなくてもいいんだ。なぜ、ゲームをすすめるのかというと、ゲームがいかに面白くてやめられないかという理由の一部でもあなたに感じてほしいからなんだ。

あのねお母さん、ゲームを開発している会社、知っているでしょ？

ママ　はい、それくらいなら、もちろん知っています。ニンテンドーとか、スマホアプリを開発している会社も。

心屋　そういう会社でゲームを開発している人たちって、どういう人たちか、わかるかな？

ママ　ゲームソフトの開発だから、プログラミングをしたりとかですかね？

心屋　うん、そうだよ。今、旬のスマホゲームって、平気で1000万ダウンロードとかされたりしているでしょ？　すごくない？　10人に1人近くの日本人がスマホに入れたりするゲームがあるのって。

ママ　たしかに。

心屋　だからね、ゲームを企画したり開発したりしているような人たち、チーム、会社っていうのは、「いかにして、このゲームをさせるか?」「どうやって、1人でも多くの人をゲームに夢中にさせるか」って、四六時中、必死になって考えているんだ。

ママ　そうですよね。

心屋　それこそ、ハーバード大学とか、マサチューセッツ工科大とか、東大だとか、京大だとか、賢い大学の出身者たちが必死になってマーケティングしているんじゃないかな?　さらに、ソフト開発の技術者が、ゲームに夢中になる人が1人でも増えるように、始終、切磋琢磨しているはずだよ。
あなた自身はゲームをしなくても、そういう状況は想像することができるよね。ということは、話題になっているゲームやスマホアプリは、世界中の天才たちが、競いあって面白いものにしている技術の結集と言えるよね。

ママ　はい。それは、もちろんわかります。でも……。

心屋　どう、お母さん?　あなたはそんな世界の天才たちがしのぎを削って制作しているゲームという誘惑から、息子さんを切り離せると思う？

ママ ……。

心屋 誰だって無理だよ。ほら、見てごらん。これ、僕のスマートフォンなんだけど。

ママ あ、話題のスマホゲームですね。心屋さんもダウンロードしているんですか？

心屋 そうだよ。このゲーム、本当によくできていてね、面白くってしょうがないよ。僕、気がついたらアプリを開いてプレーしているしね。ネットの最新の技術が盛り込まれている。それがスマホゲームという形で、こんな小さな箱の中にダウンロードできて、いつでもどこでもできる。これって、すごいことだよね？

ママ ええ、まあ……。

心屋 でね、こんな面白いものをさらに面白くするために、世界中の頭のいい大人たちが必死になって開発している。それを息子さんに禁止しても、無理に決まっているよ。あなたがゲーム機を隠しても、禁止しても、息子さんはなんとかしてゲームをしようとするよ。すごい情熱だね。

ママ ……。

心屋　だから、息子さんにゲームを禁止することはもうあきらめて、あなたもゲームをしてみたら？　息子さんとの間に、共通の話題ができるよ。

ママ　そんな……。他人事だと思って、ひどいです。真面目に相談しているのに。私はいったいどうすればいいんですか？　このまま息子がゲーム漬けで勉強にも身が入らないなんて、とても耐えられません。

心屋　う〜ん、なるほど。でも、どうして息子さんがゲームばかりするのがそんなにイヤなんだろうね？

ママ　そんなこと、わざわざ考えてみなくても、当たり前じゃないですか。子どもがゲームばかりしていたら、勉強をしない、勉強をしないとみんなから取り残される、いい成績が取れない、成績が悪いとちゃんとした学校に行けない。

心屋　うんうん、それで？　ゲームばかりして、いい成績が取れない、いい高校に行けない、それからどうなるの？

ママ　いい高校に行けなかったら、いい大学に行けない。

心屋　それで？

ママ　いい大学に行けないと、いい仕事につけない。

心屋　それから？

ママ　いい仕事につけないと、給料が低い。

心屋　それでそれで？

ママ　給料が低いと、今の格差が広がっている日本では、ますます苦労するでしょう？　結婚だって、できないかもしれないし。

心屋　うん、それからどうなるの？

ママ　まだ言わせるんですか！　だから、ゲームばっかりして、いい成績が取れなかったら、息子の人生は悪くなる。それが心配だから、相談しているんですよ。

心屋　ふーん、なるほどね。それもそうだね。息子さんのこれからが不安なんだよね。じゃあ、振り返ってみようか。今まであなたの言ったことをまとめると……。息子がゲームばかりして勉強しない、勉強しないから成績が下がる、成績が下がっていい高校に行けず、いい大学に行けず、そのせいでいい仕事につけなくて、だから給料も低くてお金があまり稼げなくて、収入が低いせいで結婚もできず、将来ますます広がっていく格差社会の中で、息子さんは苦労しまくる、と。

ママ　……。

心屋　そうだよね、お先真っ暗だねえ。困ったよねえ。

ママ　そんな……そんな、そこまで言わなくったって。

心屋　いや、だって僕、あなたの言ったことを、ちょっとだけ強調して言ってみただけだよ。だって、そもそもあなたが、息子さんがゲームばかりしていて勉強しない、勉強しないから、いい学校に行けず、その結果、収入が低くなって苦労するって。

ママ　いや、たしかにそう言いましたが、でも、ひどいじゃないですか。

心屋　何が？

ママ　だって、うちの子がひどい人生を送るかのように、おっしゃるでしょう？

心屋　うん、僕、そう言ったよ、たしかにね。でも、先にあなたが、息子さんがこのままゲームばかりしていたら、不幸になる、不

安だみたいなこと、言ったんだよ。
あのね、僕も以前のカウンセリングでは、こんなにひどいこと、言わなかったんです。「息子が勉強しません」「娘が悪い友だちとつき合っています」って相談されたときに、「あなたの大事な息子さんですよ、息子さんを信じて待ってあげましょう」「あなたが育てた娘さんだから、いつかお母さんの気持ちがきっと通じます」と言って励ましたりしてね。でも、それだと、不安なお母さんたちは、どうすると思う？

ママ　わかりません。どうするんですか？

心屋　あなたみたいにね、励ましを思いっきり打ち返してくるんだ。たとえば、
「息子さんだってわかっているよ」
→「いやいや、無理です。私の話が通じるような子じゃないんです」
「娘さんを信じてあげましょう」
→「信じて待っていたって、ムダです。娘はもっとひどいことになります」
という具合にね。こういうお母さんたちって、励ましを打ち返すのは上手で、さらに不安の種ばかりを見事に見つけてくるんだよ。全部、悪い方向にばかり考える。

ママ　……。

心屋　だからね、僕はもう、お母さんを励ますのをやめたんだ。それでね、励ます代わりにやっている「とっておきの方法」があるんだ。

ママ　とっておきの方法？

心屋　よし、じゃあ、特別にやってあげようか！　じゃあ、行くよ。

ママ　はい、お願いします。

心屋　大丈夫、そんなに心配しなくても。きっとあなたの息子さんは、ゲームばっかりして勉強もせず、たいした大学にも行けないし、たいした収入も得られずに、困ったことになるよ。

ママ　……。

心屋　そう、それでね、収入が低いせいで引きこもって、そのうちグレるから。それから、麻薬やったり、通り魔殺人やったりして、懲役くらって出てこられなくなって、殺された相手側から損害賠償を何億円も払えって言われて。いやー、これはすごいね。絶対にそうなるよ、いやー、たいへんだね。

ママ　……。

心屋　どうしたの？　何か心配しているの？　大丈夫だよ、きっとそうなるよ。だって、あなたと旦那さんの子どもでしょ？　ゲームばっかりして、成績が悪くていい大学に入れずに、収入が低くなって、家に引きこもるか、それとも反動でグレちゃうか、麻薬、犯罪、それで捕まって。いやー、大丈夫、きっとそうなるよ！

ママ　先生、ひどいです。ひどすぎます！

心屋　いやー（笑）。でも大丈夫、そうなるから。悪くなって不幸のどん底に……。

ママ　なりません、なりません！

心屋　えっ、そうかな？　だって、あなたの子だよ。そうなるから、悪くなるから。だって、あなたの子が幸せになるはずないじゃ……。

ママ　なりません！　そんなひどいことになるはずがありません。ひどいです、あんまりです、そんなことにはなりません、絶対に！　私は息子を信じています！

心屋　ですよね〜

ママ　え？

心屋　今、「ならない」って言ったよね、息子さんがひどいことにはならないって。

ママ　はい、当たり前です。息子がそんなひどいことになるはずがありません。息子を信じています。ひどいことに、悪いことにはなりません！

心屋　ね、ならないでしょ？（笑）じゃ、いーじゃないですか。（笑）

ママ　全然面白くないです。ひどいですよ！

心屋　いや〜、だってね、この息子さんにとって最悪の事態を僕が言わなければ、きっとあなたは今でも、息子さんの将来にとって悪いことばかり言っていたはずだよ。

面白いでしょ、と言ったのは、そこなんだよ。

子どもにとって最悪の事態を、他人からあまりにも言われ続けると、

「ならない」

「そんなはずはない」

「私の子どもは大丈夫です」

って反発するでしょ？　これが大事なんだ。最悪の事態を想定する、最悪の事態をさらに最悪に、さらにさらに最悪にというように、どんどん悪いほうへと考えていく。そうすると気分が悪くなって、

「そんなはずはない！」

「絶対にならない、ひどい！」

と言う。ひどい事態に反発するエネルギーが、自分の中にムクムクと生まれてきたのがわかった？

ママ　……。

心屋　今、あなたにやったのがね、

「最悪の妄想ワーク」って言うんだ。

ママ　最悪の妄想ワーク……。

心屋　うん、最悪なほうへ、ひどいほうへ、たいへんなほうへ、ずっとず〜っと妄想していくんだ。だから、「息子がゲームばかりする」なんていうのが、最終的に「殺人犯になって、あなたの家族に億単位の損害賠償請求が来る」まで到達したよね？

ママ　はい、そうでした。だから、ひどいって反発しました。そんなことにはならないって。

心屋　面白いでしょ、もし僕がゲームばかりする息子さんのことであなたを慰めていたら、きっと反発するエネルギーは生まれてこなかったよ。

ママ　たしかに。

心屋　でね、僕は最近のグループカウンセリングで、この

「最悪の妄想ワーク」をとにかく死ぬほどやってください

って言っているんです。

たとえば、このあいだ、こんなお母さんがいたんだ。

「男性の生涯未婚率が、3割を超えているみたいです。心配です。息子が結婚できなかったら、どうしましょう」

この息子さんは、まだ小学3年生なんだ。だからね、僕はこのお母さんに、とっておきの最悪の妄想ワークをしてもらったんだ。そのときのワークの結果を2種類、書き留めてあるから、読んでみるよ。

①だ〜いじょうぶだから！　あなたの息子さんは絶対、一生結婚できないよ。30歳になっても40歳になっても出会いがなくて、50歳になっても女性と知り合えなくて。60歳過ぎてシワだらけになって、ハゲてきて、おじいちゃんになってもひとりぼっちでそれでもガマンできなくて、80歳になっても風俗に行くような爺さんになるよ。

②いや〜、どうしようもないたいへんな女性に捕まっちゃって、お金だけしぼり取ら

れて、あげくの果てに離婚されて、それでもずっと結婚生活でのモラルハラスメント（モラルによる精神的イヤがらせ）で慰謝料を払わされ続けて、お金も家族もなくて、寂しくて、悲惨で、年だけとっていくような爺さんになるよ。

ママ　……。

心屋　どうだった？　自分の中に「子どもの不安」「子どもの将来への不安」が生まれてきたら、不安を「倍、倍ゲーム」のようにして、さらに最悪の方向へと妄想していくんだ。つまり、息子が結婚できないかもしれない不安を、結婚できる男になる方法を考えてお茶を濁したりせず、

不安を徹底的に突き詰めて「最悪の妄想」を膨らませていく。

最悪の妄想ワークで、

最悪の状態、マイナスの状態を突き詰めていくと、なぜか最後にはめちゃくちゃ明るくなるんだ。

最悪のことを想像して想像して、もうこれ以上できません、無理ですというところまで行くと、なぜだか大笑いできるんだ。

人間の想像力って、妄想や想像だけなら、どこまでも突き詰められるんだ。で、想像力が行き着くと、そこで笑えてくるんだよ。

ママ　そういうことを想像したり考えたり口に出したりすると、現実になってしまいそうで怖かったんです。

心屋　口に出さないだけで、めいっぱい想像していたでしょ。

ママ　はい。もう怖くなるぐらい。

心屋　じゃ、現実化するよね。やっぱりってね。でも今思いきり想像してみたでしょ。そうしたらモーソーが終わるよね。考えちゃダメダメって思うほどに考えてしまうものだから。だったら思いっきり考えて、終わらせてしまえばいいわけよ。

心屋先生からのアドバイス

落ち込んでいる人、不安な人、心配で押しつぶされそうな人には、下手に寄り添ってはいけないのです。

「可哀想だね」「大丈夫ですか」「心配ですよね」と寄り添わないし、慰めもしない。慰めや寄り添いより、「最悪」を突き詰めたほうが、「反発のエネルギー」が出て、ラクになる人」「最悪の妄想が行きすぎて、笑いに転じる人」が出てくるのです。その「不安」を、まずは「肯定」してみるのです。

ヘタに悩みに寄り添っていたら、長引くだけです。相談を受けている僕自身が、子育てで悩んでいるお母さんを、「かわいそう」「気の毒だな」と思っていると、よくならないということも、たくさん経験してきましたから。

この最悪の妄想ワークの内容を子どもに言う必要はないけれど、お母さんがこれをすると、なぜか子どもが変わるのです。それは、なぜだと思いますか？

これはとても簡単な原理で、最悪の妄想ワークをすると、お母さんが子どもを見張らなくなるからです。なぜか「もう見張るのはやめる」「私は私の好きなことをやろう」となるお母さんが多いのです。お母さんの中のどこかに、「大丈夫」という根拠のない自信が生まれるからです。

お母さんが好きなことをやっていると、それまでゲームを禁止されて、お母さんのことをうざったいと思っていた子どもが、「ねえねえ、お母さん、何してるの？」と言って、寄ってきたりします。

これは子どもに限られたことではなく、大人も同じです。「あれをするな、これもするな」と眉間にシワを寄せている人より、「好きなことができて、楽しい」という人のほうに、人は集まります。

でも、せっかくお母さんが最悪の妄想ワークで子どもの見張りから解放されたのに、旦那さんやお姑さんから「自分の好きなことをやって、子どもをこのままほうっておいたら、たいへんなことになるぞ」なんて言われてしまうこともあるでしょう。

ここでは、そのときの対策を、ちょっと教えておきましょう。

そんなときの魔法の言葉は、

「そうですよねえ〜」

「どうしたらいいですかねえ〜」

これだけです。

まわりにいろいろ言われても、

「そうですよねえ〜」

「どうしたらいいですかねえ〜」

と言って流してしまう。

たとえ家庭訪問や面談で、担任の先生に「ほうっておいたら、たいへんなことになりますよ、お母さん」「どうするつもりですか？　家庭で何か対策を立ててください」と言われても、

「そうですよねえ〜」

「困りましたよね〜」

「どうしたらいいですかねえ〜」

と言って流し続けてみてください。そうこうするうちに、家庭訪問や面談の時間なんて、終わってしまいますから。先生にも早くあきらめてもらいましょう。

この「息子がゲームばかりしていて、勉強しないことに悩むお母さん」には後日談があって、息子さんのゲームの時間が激減したそうです。

最悪の妄想ワークをとことんやって、息子さんがゲームをするのを見張るのもやめて、1日に何時間というゲームの時間制限もやめたら、息子さんが、ゲームをぱったりしなくなったらしいのです。ええ、信じられなくていいですよ。お母さん自身も信じられないはずですから（笑）。お母さんもこう言っています。

「あのまま、息子を見張って、ゲームを制限し続けていたら、どうなっていたでしょうか？」

それで、今度はお母さんが、スマホアプリのゲームにはまっているそうです。

息子さんや娘さんからは、

「もう、お母さん、スマホばっかり触っていないで、ちゃんと家事もして！」

と怒られる一方で、息子さんがお母さんにアプリの攻略法を教えてくれたりするようになったとのこと。夕食後、スマホアプリのゲームに熱中するお母さんをほうっておいて、息子さんが食器をさっさと洗ったりすることもあるそうです。
親がそのくらい抜けて、ちゃらんぽらんなくらいが、子育てにはちょうどいいのかもしれないですよね。

〈呪い〉を解く方法

子育てで心配や不安な気持ちになったときは、

「最悪の妄想ワーク」をするチャンス！

ママ友の無視・いじめにあう！

保育園で年長の女の子（6歳）がいます。娘が年少のときから仲良くしていたAちゃんのママから、ある日とつぜん無視されるようになりました。それまではお互いの家を行ったり来たり、子どもたちの誕生日にはバースデイパーティーを開いていた仲でした。

気づかないうちにウチの子がAちゃんに何かしたのかと心配になり、「もし、何かあったのなら教えて？」「ウチの子が原因なら、注意して」などと言ってみたのですが、「とくに話すことはない」という返事で、Aちゃんのママの態度は変わらず、私はずっと無視され続けています。

最近は、Aちゃんのママが歩いている姿を見るだけでドキドキするほどです。でも保育園は気に入っているので、娘の転園は考えたくありません。どうすればいいでしょうか？

心屋　仲良しだったのに、無視されるようになったんだね。

ママ　はい、本当にとつぜんで、驚いています。

心屋　でも、Aちゃんのママは、あなたを無視しているくせに、「何かしたんなら直すから言って」と、あなたがたずねたときは、返事しているわけだよね。「とくに話すことはない」って。

ママ　そうなんです。でも、ワケがわからないんです。そもそも最初は向こうから「お誕生日も近いね、仲良くしましょう」みたいな感じでおつき合いが始まったし。家にも親子で呼んでくれたり、一緒に買い物に行ったり、仲良くしていたんです。

心屋　ふんふん。

ママ　それが保育園のお盆休みが明けてからは、もう全然声もかけてくれなくなって。私が「おはよう」と挨拶しようとしても、プイッて向こうへ行っちゃうんです。

心屋　あなた以外のほかのママたちとは、どうしているの？

ママ　普通どおりに、おつき合いしているみたいです。家に人を呼ぶのが好きなママなので、保育園での仲良し親子を、週末に2、3組自宅に招いて遊んだり、子ども連れでランチに行ったりして。

心屋　そこに、あなたは呼ばれなくなった。

ママ　はい。それだけじゃないんです。私のいない場所で、私の悪口を言っているようです。はっきりした内容はわからないのですが、相当言われているようです。私の悪口だけならまだいいのですが、「あんなママの子どもだからねえ」って、うちの子の悪口まで言っているみたいで。さらに、私とつき合わないように、ほかのママたちにふれまわっているようです。

大人の私でもつらいのに、この状況に子どもが傷つかないか、それが心配で……。

心屋　そうかあ、あなたのいないところで、このことについて、あなたの子どもはなんて言っているの？

ママ　「私は大丈夫だよ、ママ」って。「Aちゃんだけじゃなく、園にはほかの友だちもいるから」って。まだ6歳だけど、けっこうクールで、私より大人っぽいところがあるんです。

心屋　そうかあ、お子さん自身が「大丈夫」って言っているなら、なんの心配もないじゃない。

ママ　いや、まあ、そうかもしれませんけど。でもね、もしAちゃんのママに対して、私が知らない間に、何かやってしまっていたとしたら。そう思うと、とっても不安なんです。

心屋　でも、Aちゃんのママに、何かした記憶はある？　思い当たらないんでしょ？

ママ　はい、とくに何かをした覚えもないし。だからこそ、怖いんです。Aちゃんのママに何かしちゃったのに、私自身が全然気づいていないっていうことが。

心屋　なるほど。でもね、どうして「Aちゃんのママに何かしてしまった」と思うんだろう？　もしかしたら、あなたは何かしたわけじゃなくて、Aちゃんのママが勝手に誤解している可能性だって、あるんじゃないかな？

ママ　えーっと……言われてみればそうですね。でも私、今まで自分で気がつかずにまわりの人にいろいろやらかしてきたことが多いんですよ。

心屋　やらかした……、それって何をしたの？

ママ　はい、すごーく前のことでいうと、中学生のとき、仲良しだった友だちを傷つけたことがあります。

心屋　どうやって傷つけたの？

ママ　私は覚えていないのですが、友だちによると「あなたが片思いしている彼って、変だよね」みたいなことを言ってしまったようで。

心屋 ほー、なるほどね。

ママ それで、彼女がとっても傷ついて、彼女との友だち関係が終わっちゃって。交換日記もして、なんでも話せる親友だったのに。私が全部、悪かったんですよ。

心屋 なるほどね、そういうことがあったんだ、中学時代に。でも「やらかした」のは、その1回だけじゃないの？　今回Aちゃんのママに、あなたが本当に何かやらかしたかどうかは、わからないんだよね？

ママ ええ。でも、実際にAちゃんのママは私を無視するし、怒っているようですし……あ、そうだ、思い出しました。

心屋 何を思い出したの？

ママ 私、考えてみたら、中学時代の親友だけじゃなく、小学生のときも、高校時代も、それから社会人になって会社でも「やらかして」ます。

心屋 うんうん、学校や職場、それぞれの時代で、何かをしたわけだね。

ママ 小学校の友だちを怒らせたり、高校では、クラブ活動で同級生に「あなたはわかってない」って言われたり。社会人になってからも、同僚から「あなたの仕事の仕方を見ると、イライラする！」と言われたことがあります。

心屋 うーん、そうかあ。なるほど、なるほどね。あなたの言っていることが、ちょっとわかってきたよ。つまり、こういうことかな？
自分で気がつかない、自分でも知らないうちに、
・人を傷つける
・人に対して何かをやらかす

ママ あ……はい、そうですね。そうかもしれません。

心屋 そして、あなたは自分が知らないうちに誰かを傷つけることに、とっても恐怖感を抱いている、っていうことだよね。

ママ はい……。

心屋 あのね、ここまであなたの話を聞いてきて、1つ面白いことに気がついたんだけど、言っていい？

ママ はい、ぜひお願いします。

心屋 あなたは、自分のことを「やらかして人を怒らせる人」って思っているよね。

ママ あ、そう……です。

心屋　あのね、Aちゃんのママは、「自分がイヤだキライだと思うことを、まわりにガンガン発信して、行動もする人」だよね。

対してあなたは、「自分はまわりの誰かを傷つけたかもしれない、だから自分が傷つけた人から悪口を言われたり、無視されたりするのは当然かもしれない。でも、このまま無視され続けるのはつらいから、本人に原因を聞いて謝ろう、過ちを正そう、直していこうという人」だよね。

ここからわかるのは、こういうことだ。

・Aちゃんママ＝思いをガンガン伝えることに何のためらいもない人
・あなた＝傷つけたかも、迷惑をかけたかも、と常におびえている人

ママ　はい、そうです。思っていますね、私はやらかしちゃってる、知らないうちに人を傷つけてしまっているって。

心屋　あのね、心理学的なことをちょっと言うと、この「私はやらかしちゃってる、私は知らないうちに人を傷つけている、迷惑をかけちゃってる」というのは、

「自分のココロのクセ」

なんだよ。ココロのクセだから、あなたが無意識の状態でも、

ずーっと頭の中でぐるぐるまわっているよね。

音楽みたいになっているんだね。

私は、何かをやらかしてる。だから、いつも注意しないと。

ママ そうです……

心屋 こういうココロのクセを持った人は、結構多いんだ。でね、「やらかしちゃう私」がココロのクセになっている人のもとをずーっとたどっていくと、ある場所に行き着くんだよ。

ママ どこに行き着くんですか？

心屋 やらかしちゃう私、人に迷惑をかける私、人を傷つける私、そんな「私のもと」をたどっていくとね、「自分のお母さん」「自分とお母さんとの関係」に必ず行き着くんだよ。

ママ 私と、私のお母さんとの関係に、ですか？

心屋 うん、そう。たとえばね、「私が何かしちゃったから、お母さんを怒らせる」とか「私がこうしなかったから、お母さんが困っている」とか。そして、この気持ちがもっと行き着いたところが、

「私は生きているだけで、お母さんを悲しませる。怒らせる」

ということ。

ママ　……。

心屋　大丈夫かな？　ちょっと休憩する？

ママ　いえ、大丈夫です。行き着く場所ですか、少しわかってきました。いえ、でもね、先生はそう言うけれど、私と母との関係はとってもうまくいっていたと思うんです。母とは喧嘩したこともないんです。母と私は仲が良かったし、母は私のやりたいことをやりたいようにすればいいよ、と応援してくれる人でしたし。

心屋　うんうん、なるほど。お母さんとの間は円滑で、お母さんはあなたを理解してくれていたんだね。じゃあ、あなたとお父さんとは、どうだったんだろう？

ママ　はい、そうですね。母とは問題はなかったけれど、私と父との関係には問題があったかもしれません。

心屋　ふーん、お父さんとはどんな関係？　どんな感じだったのかな？

ママ　私は昔から、自分の好きなことに集中していると、まわりが見えなくなるんです。私は手芸が大好きで、小学生のときから手芸クラブに入っていました。セーターを編んだり、フェルトで小物をつくったり。そうして過ごしていると、手芸以外のことは目や耳に入ってこなくなるところがあるんです。だから、手芸の最中に父から用事を言いつけられても、全然聞いていなくって。

心屋　うんうん、なるほどね。それだけ夢中になっちゃうんだね、手芸が大好きだから。

ママ　はい、ものすごく熱中するので。だから、父の言葉が頭に入ってこない。入ってこないのに、父に対して返事をしないと怒られるものだから、手芸中に父に何か言われたら、反射的に「はい」とか「やります」とかは言うんです。

心屋　へえー、大好きなことに熱中していても、返事はちゃんとするんだ。

ママ　はい。で、返事はするくせに、父の言ったことをまったく覚えていなくて、用事もしないものだから、あとから父にめちゃくちゃ怒られるんです。一度、怒った父が、手芸用品や、つくったものを全部捨ててしまったことがあります。

心屋　うわー、お父さん、全部捨てちゃったか。それはすごいね。

ママ　はい、すごく悲しかったですね。好きで一生懸命につくったものだったから、よけいに。

心屋　うんうん。なるほどね。じゃあ、もう一度考えてみよう。そのとき、お父さんを怒らせたことで、あなたはお母さんに対して、どう思っただろう？

ママ　ええっと、手芸ばっかりしてお父さんを怒らせる私で、母に申し訳ないな、母を悲しませているなっていう気持ちはありました。

心屋　なるほどね。ありがとう。じゃあ、今、あなたが言ったことをまとめてみようか。「お母さんと自分」との間には問題がなく、うまくいっているけれど、「お父さんと自分」との問題で、お母さんを困らせている、悲しませている。ということだよね。それって、結局、あなたがやらかしてしまうことで、「お母さんに迷惑をかける」「お母さんを悲しませる」という

「お母さんへの罪の意識」を抱えて生きている

っていうことになるんじゃないかな？

ママ　私がお母さんに罪の意識を？

心屋　そうなんだ。あなたが、
「自分はいつも何かやらかしてしまう」と思っていて、
「私がやらかしてしまうことで、お母さんに迷惑をかける」
「私がやらかしたことで、お父さんやほかの人も怒らせる」

「私は、知らないところで人を怒らせる人」
「その結果、お母さんが一番困る」

ママ　ああ、そうです。そう思っています。私がお母さんを困らせていました。

心屋　だからね、この「Aちゃんのママとの問題」もね、結局、「お母さんと私の問題」とイコールになっているんだ。

「気がつかない間に、人に迷惑をかける私」
「知らない間に、人を傷つけてしまう私」
そんなあなたは、「誰かを傷つけるという罪」「誰かに迷惑をかけるという罪」を、お父さん、お母さんのもとで育った小さなころから、自分が子どもを産み、大人になったこれまでも、ずっと抱え続けているんだよ。
自分の「罪」をぎゅーっと、胸に抱えたまんま生きている。

普段、口に出すことはないけれど、さっきも言ったあなたの頭の中、あなたの胸の中で、BGMのようにずっと鳴り続けているのが、この言葉なんだ。「またやっちゃった」と。

お母さんを悲しませてしまう、こんな罪深い私はせめて、

「人に迷惑をかけないようにしよう」

「人を傷つけないようにしよう」

と思っている。だから、

「人に迷惑をかけたら、それを正さなくっちゃ」

「人を傷つける私だから、無視されてもしょうがない」

もしかしたら、あなたはAちゃんのママに何もしていないかもしれない。もしかしたら、Aちゃんのママがすごく神経質な人で、あなたのちょっとした言葉に過剰に反応して、大げさに騒いでいる可能性だってあるかもしれないよね。

それなのに、あなたは「きっと自分が悪かった」「悪いところがあったなら教えて、直すから」とまで、Aちゃんのママに聞いている。

ママ　はい。

心屋　でもAちゃんのママは、しれーっとして「別に何もないわよ」とあなたに言い、その一方で、あなたとあなたの子どもの悪口を裏でガンガン言って、仲間はずれにしているんだよね？

ママ　はい。

心屋　それなのに、あなたは、Aちゃんママやそのまわりのママたち以外のこと、保育園の環境や子どものお友だちのことは気に入っているから、転園などは考えられないんだよね？

ママ　はい、そうです。

心屋　よーし。じゃあ、

こういう場合に、すごくよく効く「魔法の呪文」を教えてあげよう！

ママ　お願いします。

心屋　了解、じゃあ行くよ。あ、そうそう、でもね、呪文を教える前に、ちょっと前置きしておこう。あなたは、Aちゃんのママに「自分に悪いところがあるんじゃないか」とたずねてしまう「いい人」だから、この魔法の言葉を言うのに、ちょっと抵抗があるかもしれない。

だからね、この言葉をキミに教える前に、絶対、僕の前で、

「声に出して言います」

って約束してほしい。どう？　約束できるかな？

ママ　はい。今、Aちゃんのママたちから無視されているつらい状況が少しでも変わるのなら、言えると思います。お願いします、教えてください！

心屋　よし、いいね。その意気があれば大丈夫。きっと言えるよ。じゃあ、僕が先にその言葉を言うから、すぐに復唱してね。Aちゃんママが目の前にいると想像して、大きな声で言おう！　1、2の3、ハイ！

「ガタガタよけいなこと言ってたら、ブチ殺しますわよ！」

ママ　……。

心屋　ほら、どうしたの？　僕のあとからすぐに言わなくちゃ。さあ、もう1回行くよ、「ガタガタよけいなこと言ってたら、ブチ殺しますわよ！」

ママ　……。

心屋　どうしたの？

ママ　そんな、そんな……。だって、殺すだなんて、私、言えません。

心屋　なんで？　どうして？　ただの言葉でしょ？

ママ　だって、普段から子どもに「きれいな言葉を使おうね」「人がイヤがること、傷つく言葉は言わないで」と言っていますし。それを親である私が言うなんて。

心屋　う〜ん、なるほどね〜。いや〜よくわかるよ。誰だって好き好んで汚い言葉を使いたくないしね。子どもに言葉を教える親の立場、母であればなおさらだよね。そういう僕だって、イヤだよ。

ママ　その割には、先生、すごく楽しそうに「殺す」って言っているように見えました。

心屋　ははは、そうかな。まあ、僕が楽しそうとか笑顔だとかはさておき、「きれいな言葉」じゃなくても、相手に面と向かって言うわけじゃないんだから、大丈夫だよ。ほら、もう一度行くよ、ガタガタよけいなこと……。

ママ　無理です、言えません！

心屋　わかった、わかった。よーし、じゃあこうしよう！　分割払いしよう。

ママ　？

心屋　じゃあ行くよ〜、まず「ぶちこ」

ママ　「ぶちこ?・」

心屋　「ろしま」

ママ　「ろしま」

心屋　「すわよ」

ママ　「すわよ」

心屋　よっしゃ、いいぞー。すごいぞ、言えたじゃない！

ママ　ああ、はい、言っちゃいました。

心屋　じゃあ、今度は1文字ずつじゃなくて、連続して言おう、1、2の3、はい！

ママ　……。

心屋　おいおい、どうしたの？　さっきはちゃんと言えたのに。

ママ　連続したら無理です。言えません。

心屋　あら〜？　分割とはいえ、もうさっき、すでにあなたのイヤがる「傷つく」「汚い」言葉を言えたのにね！

ママ　でも、でも。だって、これって、人に言ってはいけない言葉ですよね？　ついこのあいだも「殺す」「死ね」と言った芸能人のブログが、炎上していたじゃないですか。

心屋　うん、そうだね。たしかに芸能人の立場でブログにそういうことを書けば、炎上するだろうね。でも、僕はあなたにブログに「殺す」と書けとか、Aちゃんのママに面と向かって「死ね」と言えと言っているわけじゃないよ。あなたと僕しかいないこの部屋の中、閉じた空間の中で、「ちょっとだけ、連続して言ってみよう」って提案しているだけだよ。何か問題はあるかな？

ママ　いえ、たしかにAちゃんのママが目の前にいるわけでもないですし。

心屋　よし、そこまでわかったなら、行くよ、もう一度、はい！

ママ　ガタガタ……ガタガタよけいなこと……言ってたら……。

心屋　そうそう、その調子。

ママ　ガタガタよけいなコト言ってたら、ブチ殺しますわよ！

心屋　おお～、すごいすごい！　やったー、言えたねえ～！

ママ　あ、ほんとだ。私、言った、言っちゃいましたね……。

心屋　それでどう？　この言葉を言ってみて、今の気分はどうかな？

ママ　あ、あの……なんていうか、なんだか、違います。

心屋　どんなふうに？

ママ　あの～、どう言えばいいのか、そうですね……。

心屋　うん、うん。

ママ　言う前と、言ったあととで、なんだか自分が違うっていうか。

心屋　うん、うん。

ママ　ブチ殺しますって言う前の自分と、

言ったあとの自分が別人格というか、使用前、使用後みたいな感じです。

心屋　へえ～。それ、その表現は面白いね！

ママ　はい。それで、なんだかAちゃんのママのこととか、無視されていることとか、私のいないところで悪口を言われていることとか。もう、どうでもよくなってきました。

心屋　ほおー、なるほどなるほど！

ママ　ええ、だって、そうですよね。Aちゃんのママに「悪かったこと」をたずねて、たとえ教えてもらって私がそこを直したとしても……。

心屋　うんうん、それでそれで？

ママ　またAちゃんのママが「私の別の何か」に怒るかもしれないし、傷ついちゃうかもしれないし。そんなこと、先回りして考えて、そのたびに心配するのがバカらしくなったというか。

心屋　へえ～、さっきまでと、ずいぶん言っていることが違うね。

ママ　はい。

心屋　たしかに、自分の言ったことや自分のしたことをいくら反省して直したとしても、このAちゃんのママは「あなたのやらかす何か」を見つけ出して、怒ったり無視したりしそうなタイプかもしれないしね。

ママ　そう思います。ああ、なんだかさらにスッキリしてきた気がします。不思議ですね。

汚い言葉を口に出したのに、こんなに心がスッキリするなんて。

あっそういえば、心屋さんのブログで読んだことがあるのですが、もしかして、これが「ぱっかーん」って感覚なんでしょうか？

心屋　おおーっ、そうきたか！　ブログ、読んでくれていたんだ！

ママ　はい、でも、まさか自分にこの感覚がやってくるとは思いませんでした。不思議です。本当、私ったら、何モヤモヤしていたんでしょうね。
「おい、Aちゃんママ、私と子どもにこれ以上ガタガタよけいなこと言ってたら、ブチ殺しますわよ！」って、きゃー、また言っちゃいましたよ、私。

心屋　おー、いいねいいいね。その調子！　そのあとに「クソババア」も言わせたいね。

ママ　ありがとうございます。ありがとうございます！

心屋先生からのアドバイス

どうでしたか？　イヤなことをされているのに、このママさんは「イヤだ」「やめてくれ」と言えなかったのです。Aちゃんのママに対して「自分が悪かったのかもしれない」と思い、一方的に「原因は自分にあるから直さなくちゃ」とまで思い詰めている。

この「原因は自分にある」を、深いところまでずっとたどっていくと、先にも書いたように「自分とお母さんとの関係」に行き着くのです。

「私が全部悪い」「私がお母さんを困らせている」「私がお母さんを苦しめている」……。こんなふうに「直さなくちゃ、迷惑をかけないようにしなくちゃ」という気持ち、言ってみれば、「お母さんへの罪の意識」を胸にずっと抱えて生きてきている。

こういう罪の意識、つまり心のクセがあるとやっかいです。でも、今回、このママさんの心のクセを取るために言った魔法の言葉が、「ブチ殺しますわよ！」なのです。僕のセミナーやグループカウンセリングでは、こんなふうに、「今までの自分なら、絶対に言えないひと言」「心の中にはあるけれど、言わなかった本音」を、あえて「実際に口に出して」言ってもらっています。


このママさん、最初はとても抵抗していましたよね。

「そんな汚い言葉は言えません」

「子どもにも、人のイヤがることを言わないように教育しています」

とか言って、かたくなすぎるほどに抵抗していました。

目の前にAちゃんのママがいるわけでもない。僕と2人きりで、ほかに聞いている人もいない。にもかかわらず、「人のイヤがる言葉、汚い言葉を口に出すのはいけないことだ」と思い込んでいる。

そんなお母さんが、実際に汚い言葉を声に出してみたら、彼女自身が予想もしなかった状況が現れました。

気分がとても晴れやかになり、自分を無視するAちゃんのママのことなどどうでもよくなり、もうそんなことで悩むのがバカバカしくなっているのです。

「汚い言葉」を口に出す前後で、「自分の人格」さえ変わってくるのです。言えるようになったら、それ以上言われなくていいんです。

このお母さんの場合、小さいときからお父さんを怒らせてしまう「私」＝お母さんを悲しませている「私」という原因があったから、よけいに「汚い言葉」を発することに抵抗があったのかもしれません。

さあ、あなたは、このお母さんのように、自分は知らない間に、「やらかしてしまう」「人を怒らせてしまう」「人を傷つけてしまう」――そんな人間だとすり込まれていませんか？

誰かに意地悪されたり、傷つけられても、「私が悪いんだ」「私がガマンすればいいんだ」なんて、イヤな思いを胸の奥に抱え込んでいませんか？

もし、そうなら、このお母さんのように、口に出してぜひ言ってみよう！　普段の自分なら絶対に口に出さないような、子どもには聞かせられないような、「悪い言葉」「汚い言葉」「罵詈雑言」を、声に出してみよう！

〈呪い〉を解く方法

あなたに意地悪するママ友に、
ガタガタよけいなこと言ってたら
ブチ殺しますわよ！
（と、誰もいないところで言ってみよう！）

おわりに

ふたたび心屋です。　ここまでいかがだったでしょうか。

「言ってることはわかるけど、できないのよねー」

「それができないから悩んでるのに！」

なんていう不満がいっぱいの人も多いかと思います。


それも普通のことなのですが、それを受け入れつつ、そんなことができない自分をもう責めるのを、やめていってほしいのです。

子育てがうまくできない母、子どもにダメだししてしまう母親なんて、「理想の母親」から離れてますよね。でも、そんな自分を責めるのをやめること。「現状否定」して「理想」を追いかけることで、抜け出せないループに自分を迷い込ませてしまうんです。

子育ての問題は、「ほっとく」のが一番です。

何があっても、何を言われても「ほっとく」。これは、自分の子どもを信じていないと絶対にできないことです。この「自分の子どもを信じていないと」というのは、実は「お母さん自身が自分を信じていないとできないこと」です。それは「この子に何があっても、私は大丈夫」という、

「自分を信じること＝自信」

です。これがなかなかできないから、子育てを「自分を責める道具」に使ったりしているだけなのです。

だから、「子育て」というのは「自分の自信育て」です。だれになんと言われても、私は、こうしたい!! 怒りたい、叩きたい、構いたい、冷たくしたい、放り出したい!! でいいんです。それが、自分なのだから。

以前に『奇跡のリンゴ』という本を読んで衝撃を受けました。農薬はもちろん肥料

もあげない、雑草取りもしない。そんな「ほったらかし」の育て方で、リンゴがものすごく素晴らしいものになったという話です。

子どもも、そして自分も、きっと同じなんだろうなと思ったので、僕は子育てには「放牧」という言葉を使い始めました。

「放牧」、それは最低限の柵だけはもうけて、あとはほったらかしにする。そうしたら、オオカミに襲われることも、怪我をすることも、ケンカをすることも、問題を起こすこともあるでしょう。「思った通りに」成長しないこともあるでしょう。

でも、子どもとお母さんにとって、それがいちばんストレスのない状態で、いちばんいい状態なのかもしれません。

「そうしていると、夫や姑、学校の先生がうるさいんです」なんてこともあるかもしれません。それは、自分が自分の子育てを信じられずに、自分のことを責めているときに起きる現象です。

自分が自分を責めているから、まわりの人も自分のことを責めて「くれる」のです。

「グダグダ言うなー！ うるせー！
好きにさせろー！」

というくらいの覚悟をしてみると、まわりは黙りますよ。

今回は、「ちゃきちゃきマルチタイプ（前者）、お花畑スポットタイプ（後者）の理論」を子育てにあてはめてみました。この理論は、そもそも前者である心屋と、後者であるうちの奥さんの、あまりにも違うその様子を探求していった結果、発見した理論です。

前者と後者は犬と猫ぐらい違います。おなじ四足なのに。もちろん、犬っぽい猫も猫っぽい犬もいますが、たとえば犬親が猫子どもに、

なんで寝てばかりいるの！
なんでフリスビー取らないの！

なんで走らないの！
なんで木ばかり登るの！
なんでゆっくりなの！
なんで、なんで、なんで⁉

「猫だから」なんですよね。

そこで思い出してほしいのです。猫なのにとくに犬になろうとがんばってきたお母さん、犬のほうが喜ばれたお母さん、猫っぽくしていたら怒られたお母さん。そして、犬がさらに犬っぽくなろうと「できる」犬になろうとしたお母さんも。これは、

子育てを通じてお母さん自身が
「本来の自分に戻る」

ために書いた本です。「そう、私ってそうなのよ！」と、ぜひ自分に気づいてください。その瞬間から、子育ては「放牧」で「大丈夫なんだ」とわかる。

そうすると、子どもが「問題」には見えなくなって、笑える子育てに変わるのです。
そうすれば、他の子と比べてもいいし、怒ってもいいし、愛せなくてもいいのです。

どんな問題が起きても夫やまわりに文句を言われても、「私は」大丈夫という本当の自信と、「私は」こうしたいんだという本当の気持ちをしっかり持って、「この子が」という子ども軸から、「自分らしい生き方」という自分軸へとシフトしていきましょう。
自分勝手にガマンしないで、幸せに生きてね。そう、あなたのお母さんみたいに、自分を犠牲にしなくていいから。ガマンして子どもに尽くさなくていいから。
自分らしく生きるということは、自分の中の罪悪感との戦いなのです。

「世間とは」「母親とは」という「常識」との戦いです。

正解のない子育ての世界、正解のない「自分らしい生き方」の世界へ、ようこそ！

心屋仁之助

心屋仁之助（こころやじんのすけ）
「自分の性格を変えることで問題を解決する」
という性格リフォーム心理カウンセラー。
現在は京都を拠点として、全国各地で
セミナー活動やカウンセリングスクールを運営。
その独自の「言ってみる」カウンセリングスタイルは、
たったの数分で心が楽になり、現実まで変わると評判。
著書多数、累計で350万部を超える。

公式ホームページ「心屋」で検索
http://www.kokoro-ya.jp/
公式ブログ「心が風に、なる」
http://ameblo.jp/kokoro-ya/

心屋先生のお母さんが幸せになる子育て
〈子育ての呪い〉が解ける魔法の本

2017年4月30日　第1版第1刷発行

著　者　心屋仁之助

発行者　玉越直人

発行所　WAVE出版
〒102-0074　東京都千代田区九段南3-9-12
TEL 03-3261-3713
FAX 03-3261-3823
振替 00100-7-366376
E-mail: info@wave-publishers.co.jp
http://www.wave-publishers.co.jp

印刷・製本　萩原印刷

NDC599 223p 19cm
ISBN978-4-86621-052-0